金陵书坛四大家

赵彦国 · 著

JINLING SHUTAN SIDAJIA

符号江苏 · 口袋本

江苏凤凰美术出版社

图书在版编目（CIP）数据

金陵书坛四大家 / 赵彦国著. -- 南京 : 江苏凤凰美术出版社, 2024.3

（符号江苏·口袋本）

ISBN 978-7-5741-0819-6

Ⅰ. ①金… Ⅱ. ①赵… Ⅲ. ①书法家－生平事迹－南京－现代 Ⅳ. ①K825.72

中国国家版本馆CIP数据核字（2023）第205652号

责任编辑　曹智滔
装帧设计　赵　秘
设计指导　曲闵民
责任校对　陆鸿雁
责任监印　张宇华
责任设计编辑　郭　渊

书　　名　金陵书坛四大家
著　　者　赵彦国
出版发行　江苏凤凰美术出版社（南京市湖南路1号　邮编：210009）
制　　版　南京新华丰制版有限公司
印　　刷　南京新世纪联盟印务有限公司
开　　本　787mm×1092mm　1/32
印　　张　5.125
版　　次　2024年3月第1版　2024年3月第1次印刷
标准书号　ISBN 978-7-5741-0819-6
定　　价　45.00元

营销部电话　025-68155675　营销部地址　南京市湖南路1号
江苏凤凰美术出版社图书凡印装错误可向承印厂调换

“符号江苏”编委会

目　录

引　言

回顾20世纪的中国书法，可谓名家辈出，代不乏人，或承碑派之时势，或追帖学之宗风，或超迈“二王”风规之笼罩，寻古意于秦汉之上，或探新法于成式之外，感悟于心性之间，融古汇今，书文兼美，在高尚的人品和书品中领时代之风骚，创文艺之高峰。大约70年代，在古都南京活跃着一批颇有影响力的书坛大家，其中尤以胡小石、林散之、萧娴、高二适为代表，四位先生高扬传统文人之风骨和为艺求真之精神，以古为新、书人双美，创立了独特的书风范式，体现了金陵书法和中国书法的新高度，成为影响全国的书学主流学派，被书界誉为“金陵四老”。

需要说明的是：笔者遵照传统习惯，将“四老”的排名以生年先后为序。“四老”中以胡小石先生年龄最大，他生于1888年，且地位最显，为当时中央大学教授，师从民国书法大家清道人李瑞清，又化合晚清碑学大师沈曾植之法，以北碑为基，代表了当时学者书法与碑学书法兼容的时代之风。林散之先生生于1898年，早年师从黄宾虹先生学习绘画，融画法于书法，开创了一代草书新风，被誉为“当代草圣”。萧娴先生生于1902年，师从晚清碑学的倡导者康有为先生，一生以“三石”（石鼓文、石门颂、石门铭）为法，尤其大字榜书雄强开张，以独具“丈夫气”而享誉书坛。高二适先生生于1903年，他一生勤学苦修，醉心经史典籍和古典文学，尤其在“兰亭论辩”中彰显了一位传统文人的学术风骨，他的文人书法之古韵新姿，被誉为“中国古典书法的最后一位大师”。“四老”中胡、萧两位先生是以碑学为主，林散之、高二适先生，虽然也都写汉碑，兼善隶书，但从书法内质上来看更重视帖学，尤其是高二适先生纯以帖学为宗，林散之先生则是碑帖融合，又参以“屋漏痕”和“拖泥带水”的绘画技法，可以说是“无法而法”的至高境界了。

“金陵四老”经历了晚清、民国、新中国的历史变革和社会转型时期，他们生在晚清，成长学习在民国，书法成就在新中国。可以说他们身上既打着旧学的深刻烙印，又受着新学思想的影响和冲击，西学东渐、洋务运动、维新变法种种大文化大政治的环境转换，使得那时的书家经历了“千古未有之奇变”，这一奇变具体表现在以下六个方面：

一、书法载体之变：从文言文到白话文；从古诗文到语体文，从繁体到简体，以及标点符号的应用。

二、书写方式之变：从右起竖式到左起横式，从日常书写到技法表现。

三、书写工具之变：从毛笔到硬笔。

四、书法展陈之变：从书斋漫笔到展览展示，从书写技法到视觉表达。

五、书法观念之变：从日常书写（文化技能）到书法技艺（艺术表现），从立足实用到审美观赏。

六、书家身份之变：从古代社会精英的文人士大夫到民国政要、遗老、军官商贾、作家等社会名流，实现了社会各阶层的全覆盖。

可见，民国时期的书法自然形成了一个新旧转型过程中的历史之变，它既承传着古代书法的固定形态与模式，又不可避免地面对着从未有过的、也无现成经验可供参照的新挑战和新问题。从纵向的书法史轴线来看，甲骨鼎彝大篆、西北简牍隶草、西域敦煌文书等新材料新资源，在此之前的书法范本中都属百不一见；即便是魏碑墓志摩崖造像题记，也大多是通过赵之谦、康有为、沈曾植、李瑞清、曾熙等从清末传入民国书坛，在此之前的唐宋元明和清中期以前，也都是闻所未闻。新的师法范本自然催生了书法创变的新路径，也为书法从古典向现代转型架起了一座桥梁。从书法形式上看，民国前后，对联、匾额、手札、扇面等书法的实用样式广受欢迎，书法进入大众生活已成必然趋势。“一时有一时之文艺，亦当有一时之书法。”

书法从精英文化到大众传播，这一时期应该是开启了一扇通向人民大众广阔天地的大门。

总的来说，金陵书坛四大家的书法之根都深扎于古典传统文脉之中，是晚清以来古典书法一脉相传的正宗所在，既蕴含着旧式书法笔墨韵味的余绪，又预示出新的书法审美的某些趣尚，他们在新与旧的书法转型中所创造的“两碑一帖一融合”的书法范式，不仅开启了江苏书法的新高度，也成为自中华人民共和国成立以来中国书法最高水平的杰出代表，在中国近现代书法家中因造诣高深而声名远播，成为现当代中国书法的一座高峰！

第一章

书法圣地——求雨山『金陵四老』纪念馆

六朝烟雨，墨韵茫茫；钟山灵秀，其意葱葱。求雨山下，四老巍峨文脉长；兜率寺里，禅师传经四海扬。在江浦的老山山脉中，有座小山坐落在珠江镇上，这就是当代的书法圣地——求雨山。

求雨山南临长江，北枕老山，郁郁葱葱，诗意幽美。近些年来，数以万计的海内外文人雅士怀着虔诚之心，走进了求雨山文化名人纪念馆，追寻大师们的踪迹，感受诗里行间的墨韵悠长。笔者在南京艺术学院求学期间，曾于艺术迷茫之时多次造访“金陵四老”纪念馆，寻古问道，亦有颇多感怀：“文艺之道，乃由心性流淌；书画怡情，俱呈无上清凉。老山林幽添宜兴，珍珠泉水煮茶香。天地亦良师，四海真朋友。文章真事业，诗酒最风流。书画小道理不小，乾坤

林散之花岗岩雕像（吴为山塑）

世大人为大。俗人只为求形似，惟我心匠造虚灵。出笔混沌开，入笔聪明死，理尽法无尽，法尽理生矣。句句千古训，字字为珠玑，字内有法韵无法，心外无尘意有尘。法法相生生我法，我以我法酬我心。”

“金陵四老”纪念馆就是4座美丽的园林，且每个馆都有不同的建筑风格和人文韵致，就像四老的书法风格一样，风标独立，巍然于世。

胡小石纪念馆于2004年年底对外开放，占地约13333平方米，主体建筑面积1300平方米，仿南京民国建筑形制。主楼的西边为基地，碑文由曾国藩后裔曾昭燏题写，馆藏胡老亲属、家人捐赠书法和信笺共计210件。一走进纪念馆，就可以看到胡小石的半身塑像立在中间，戴一副眼镜，眼睛里充满慈祥，学者之风扑面而来。

胡小石像（吴为山塑）

胡小石纪念馆

林散之纪念馆占地约13333平方米，建筑面积2100平方米，属明清建筑风格，主要建筑有散木山房、爱雨轩、墨池、束筠亭、双套亭、白马亭、惠沃亭、碑廊、景香阁、求雨茶社、大门坊、林散之雕像等，馆藏作品421件。纪念馆在山林之间，山上多竹，四季常青，象征着林散之先生淡泊明

林散之纪念馆

散木山房

墨池

碑廊

爱雨轩

志、宁静致远的品格和不畏冰霜雨雪的风骨。散木书屋在翠绿的竹海中，恬淡脱俗、质朴自然，给人一种尘襟尽涤、俗虑俱消的精神享受。

萧娴纪念馆于1998年建成，占地约6667平方米，建筑面积600平方米，主展厅为贵州民族风格建筑，其他建筑有萧娴故居（按南京百子亭故居复建）、回廊等，馆藏作品122件。

展厅后面建造的是墓园和绿地。墓型设计为3块叠放的石头，象征萧老的书法渊源主要来自“三石”，即石鼓文、石门颂和石门铭。旁边镌刻有康有为赞萧老书法的诗：“笄女萧娴写散盘，雄深苍浑此才难。应惊长老咸避舍，卫管重来主坫坛。”萧老“故居”，完全按萧老生前居住的南京百子亭房屋样式复制，一些萧老生前的生活用具也按同样的方位置放在故居内。

萧娴纪念馆

萧馆展厅

萧娴故居复原

高二适纪念馆，置身于求雨山南面山坡上，四周竹林青青。整个建筑呈浅灰而又明亮的色调，置于茂林修竹之中，恰似先生的为人为艺，清朗高逸。走进去如沐春风，心中油然顿生一种崇敬仰视的心情。纪念馆占地5330平方米，建筑面积1250平方米，由东南大学教授单勇设计，馆名为著名书法家启功先生题写。拾级而上二楼，最为醒目的是毛泽东同志1965年7月28日致郭沫若信件仿制件“笔墨官司，有比无好”，使人仿佛又回到当年那场笔墨论战的氛围之中。正如苏渊雷先生诗云：“公案兰亭驳岂

高二适纪念馆

高二适纪念馆展厅

迟，高文一出万人知。”依坡而筑的墓地也是颇具匠心，正面是高老挚友林散之题写的“高二适之墓”几个隶书大字，背后镌有章士钊甲辰春风后一日《漫题二适书后》手迹。一高亭，一碑廊，一墓穴，整个建筑随形就势，主展厅呈风车状，错落有致，建筑外形均为单坡斜面，象征高老刚直不阿的精神气质。高亭是跃层式建筑，楼下陈列着高老家人及弟子捐赠的近百幅作品，其中以诗文、题跋、手札为多。

第二章

学通文史　书尚金石——胡小石书法艺术

胡小石雕像（吴为山塑）

一、学者之风，师出名流

胡小石（1888—1962），名光炜，字小石，号倩尹，又号夏庐，晚年别号沙公、子夏等。原籍浙江嘉兴，少时成长在南京。他的得意女弟子，曾任南京博物院首任院长的曾昭燏在《南京大学教授胡先生墓志》中写道："先生幼孤，家贫，从师读，母以络经给膏火资。年十九，入南京两江师范学校，始为临川李梅庵先生弟子，然所习专业为生物学。毕业于两江师范后，至长沙明德中学任教。越一年，乃之上海，就馆于梅庵先生家，兼从梅庵先生学，并执贽于乡先辈沈子培先生之门，同时问诗于义宁陈散原先生。其后任教于北京女子高等师范学校、武昌高等师范学校、西北大学、东南大学、金陵大学、云南大学、白沙女子师范学院、中央大学。南京解放后，任南京大学文学院院长兼教授，兼任江苏省人民代表大会代表、江苏省人民委员会委员、中国人民政治协商会议南京市委员会副主席、江苏省文物管理委员会主任委员、江苏省文学艺术界联合会委员、江苏省书法印章研究会主席、南京大学图书馆馆长、南京博物院顾问。”

胡小石先生作为中央大学教授、著名的学者、诗人、书法家和教育家，以其在当时的学术地位、文史修养、生活境况等优越之处，在“金陵四老”中，年龄最大、资历最老、社会地位最高，影响也最广。先生学识渊博，于古文字、声韵、训诂、群经、史籍、诸子百家、佛典、道藏、金石、书画之学，以至辞赋、诗歌、词曲、小说，都有极深的造诣，尤以古文字学、书法、楚辞、中国文学史的研究见长。同时，他对古典诗词也有深湛的研究，一生所作诗词达数百首，古意盎然、独具风蕴。他还是位有创见的学者，尤以书法艺术与学术研究上的贡献为世人所重，终生以“教育”为己任，培养了大批文史与书法人才。其弟子中，既有文史领域的知名学者，也有后来在书法界具有一定影响的书法家，如程千帆、曾昭燏、游寿、侯镜昶等。

胡小石肖像

《金石蓄锦集》完成于1918年，不仅是小石先

新埭無足東山松更石敘
奴已到汝等慰安之使不
失所給勿更須報

學米老當陞此人
丁酉大熱為阿
桓書 沙公

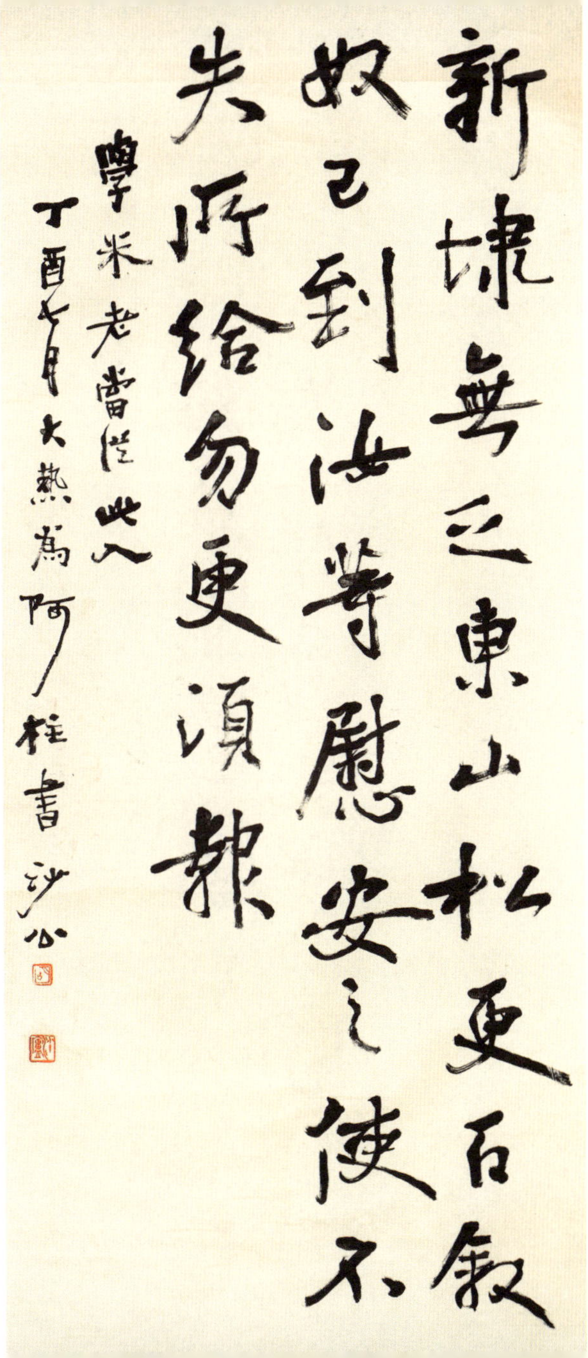

胡小石临《东山帖》

生之开山专著，为先生治学特色之最早例证，见证了小石先生于梅庵先生处求知苦学的经历和成就，亦可反映南京大学优良学术传统之一端。该书属小石先生毕业离校并继续追随梅庵师问学之硕果，而梅庵先生不仅亲自为其题名，

胡小石临大篆

胡小石晚年照

更为其作跋（另还有曾熙先生书跋），以示褒荐："学魏碑者必旁及造像，学汉分隶者必旁及镜铭、砖瓦，学鼎钟盘敦者以大器立其体，以小器博其趣。此《蕾锦集》者，余门人胡光炜平时日所得拓片辑成者，其考证确实，有胜前贤者，震亚主人假景印之，以示学者，戊午（按：1918年）冬月。"此题跋中有师生之爱、习书之道、学问之理。在此不能不提及小石先生终身追随爱戴的恩师李瑞清先生。

《金石蕾锦集》上卷收古器铭刻拓本29件，自西周至大隋，分别为《周鲁公伐徐鼎》《虢文公子鼎》《楚公锺》三器、《邛君妇壶》《拍盘》《徐王鍴》三器、《迴文鼎》《鄀侯盂》《宗妇敦》《汉君子馆砖》《厔鼎》三铭、《建初砖》《永元砖》《阳三老石堂记》《文叔阳石堂记》《宋韦意而子砖》《梁天监砖》二铭、《中大通砖》《大同砖》《宋鸭子砖》《隋开皇造像》《子新妇造像》。小石先生为其作文凡24篇，字短者仅十数，长者逾千，

胡小石自题“蜩庐”匾额

每器均从书体及法书价值、文字训诂、制度源流、史实辩证等方面入手，具金石学研究之特点。如关于《徐王鍴》铭之考释，先生引《广雅》《说文》《毛诗》《尚书》《论语》《楚辞》《春秋》《左传》《史记》等多种史籍，又辅之以音韵、考据、史地诸学，将器铭中所涉之字形、字义及徐国史迹、制度均爬梳清晰，读毕令人生登堂入室豁然开朗之感，体现出小石先生30岁时已具之广博学识。

下卷共收西周至南朝器铭29件，为《周王陵车弁》

二铭（失一铭）、《散伯簋》三铭、《曾子求行器》三铭、《孟彝》《右走马嘉行壶》《孟肃父簋》《虢中簋》《执驭彝》《即墨刀范》《汉中之银锭》《寿若大山砖》《建安画像》《万岁富贵瓦》《史元明造像》《天纪元年砖》《咸和六年砖》《太元四年砖》《好大王陵砖》《伊阙题名》《张石子夫妻题名》《摄山中大通题铭》《摄山凌长扶题名》《摄山二徐题名》《吴兴阳羡人砖》等。其中不乏珍品，有的即属小石先生藏品。本卷前14器由李傲（一名李旭同）先生著文，余皆由小石先生研讨，文例则同上卷。然下卷中胡先生着力于砖石铭刻，以与南京相关者两例为证：一者摄山造像龛铭，先生云："此刻在今摄山，分刻一佛龛两旁，从来未见著录，严子进《江宁金石待访录》亦未载。其龛绝高，椎拓极难，余友江宁杨宾叔自率工架梯缚帚拓之，以一纸见贻，字疏隽似《鹤铭》，第二行首字不可辨，长'挟'或释作'扶'，疑是'族'字。摄山诸刻，此为最古矣。"二者谓《二徐题名》："此刻亦在摄山，严氏《江宁金石待访录》所谓'鹿野堂二徐题名'者也，二徐（按：指南唐名家徐铉、徐锴）皆尝家摄山下，此刻兄弟并列，是南唐未亡时书也。郑文宝重刻《绎山碑》，为世所重，郑为大徐弟子，观此可知源流所出。"

二、金石为上，学问淹通

20世纪是中国许多传统文化形态和传统学术全面转型甚至被完全放弃的时期，自宋代以来逐渐发育成熟的金石学也似乎走到了尽头，罗振玉、王国维、马衡等，包括胡小石先生等在内的一批具有广博学识的传统金石学大师成了中国金石学最后的绝响。金石学是具有中国特色的传统学术体系，它把传世文献和出土或传世实物资料相结合，注重于"探制作之原始，补经传之阙亡，正诸儒之谬误"（宋吕大临《考古图·序》），代表了一种新的学术思维和方法。近代以来，因殷墟甲骨、敦煌写本、西域简牍等一系列新发现及西方科学思想的传入，金石学的研究范围呈不断延扩之趋势。实际上无论是传世文物还是出土文物，都有结合传统的带有综合思维特点的金石学方法与新型的带有分析思维特点的考古学方法进行研究的必要，即使是在今天，从“文物学”角度而言，金石学应当仍然有不可替代的价值。如何从中国学术史和文化遗产视角总结金石学的成就与当代意义，看来不是不可以讨论的问题，而要探讨这种问题，对20世纪的金石学成果进行重新整理和传布就有相当的意义。总之，学术重在传承和创新，《金石蕃锦集》作为小石先生早年追随梅庵先生求学时期的主要作品和20世纪上叶的金石学著作，具有重要的史料价值，迄今问世已近90年，世所稀见，弥足珍贵！

当下对胡小石先生的研究，大多集中在他书法上的成就。宗白华先生曾在《胡小石书法作品选》序言中说：“小石先生的书法作品很有功力，在清末‘碑学’兴起，邓石如、康有为等都是‘碑学’的代表，他们提倡创新的精神，和这种新的书风对立的是‘馆阁体’。‘馆阁体’没有生机，给书法艺术带来了僵死的程式化的弊病。胡小石先生不但致力于书法研究，而且付之于实践，为我国书法艺术的发展作出了重要的贡献。胡先生的书法深受‘碑学’的

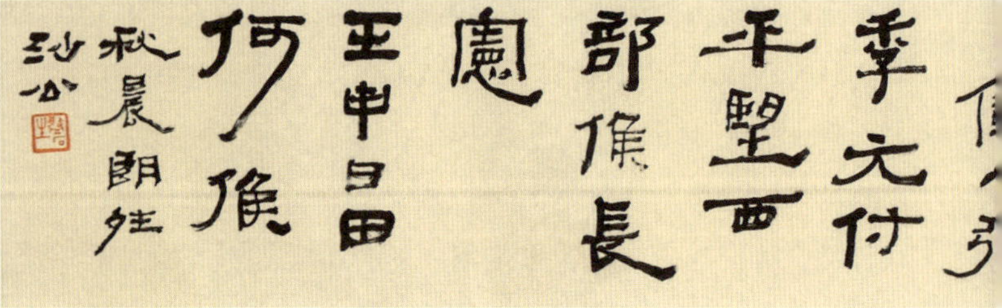

胡小石隶书临古

影响，他的汉碑、魏碑的底子很厚，富有创新精神。”在书学研究方面，胡小石先生造诣甚深，早在1934年，他就在金陵大学国学研究班讲授《中国书学史》，1943年又在西南联大讲授《汉碑流派》，这在当时高校中开讲书法是首开先河的一种尝试，为后来书法教育的正式开展积累了经验，奠定了基础。此后直至1960年，先生应江苏省文学艺术界联合会之邀，举办题为“书艺略论”的书法讲座，全文在《新华日报》上刊发。他的《书艺略论》分为三个部分：一为文字变迁；二为八分在书艺上之关键性；三为学书诸常识。书法是由实用的文字书写发展而成的一门艺术，所以书法与文字、书体与字体具有密不可分的关系，因此研究书法必须首要明晰文字源流之变迁，会通古文字之学。另外在书法实践上，胡先生也是一位全能型书法家，书体涉及篆、隶、草、行、真，在篆书创作上又兼通甲骨文、商周及秦汉金文，隶兼汉碑、汉简，草兼章草、

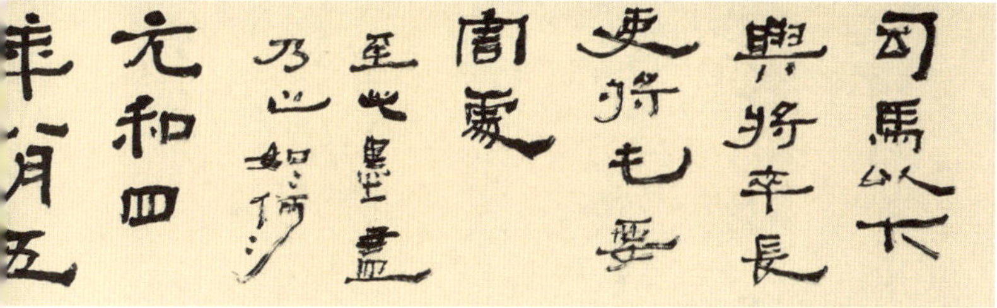

今草，又于汉魏两晋简牍文书残纸及锺繇、“二王”以至唐、宋、明、清诸大家真、行、草书广为取法，并筑基于南北朝碑版。可以说，他以通览式的手法把书法史的脉络通临了一遍。他曾自言：“少时楷书学颜体，陷于板滞，行书碌碌从众。入两江师范后，得李瑞清指导，始学北碑《郑文公碑》与《张黑女墓志》，于《郑》取其坚实严密，于《张》取其空灵秀美。自习《流沙坠简》，始明两汉隶分、章草与魏晋楷书、行草之真相，而书法大进。”可见，胡小石先生自考入两江优级师范学堂后，李瑞清、沈曾植对其一生书法的发展起到了决定性作用，并为其书法风格铺垫了一生的书写基调。

胡先生学书勤奋，博涉各体及多种风格流派，对当时所见金石遗存即碑、帖、墨迹，兼容并蓄，综合取法，融合变通。其尤重碑学，审美观念以金石趣味为旨归，个性面貌以雄强、拙朴、凝重为基调，进而追求灵动、奔放的汀洲汀洲芳草远，落日不逢人。雁影在江水，苍茫暮春意。心成独往叩，寂寞嘉郴，谁遣诸尘净尽，舟月上秋。

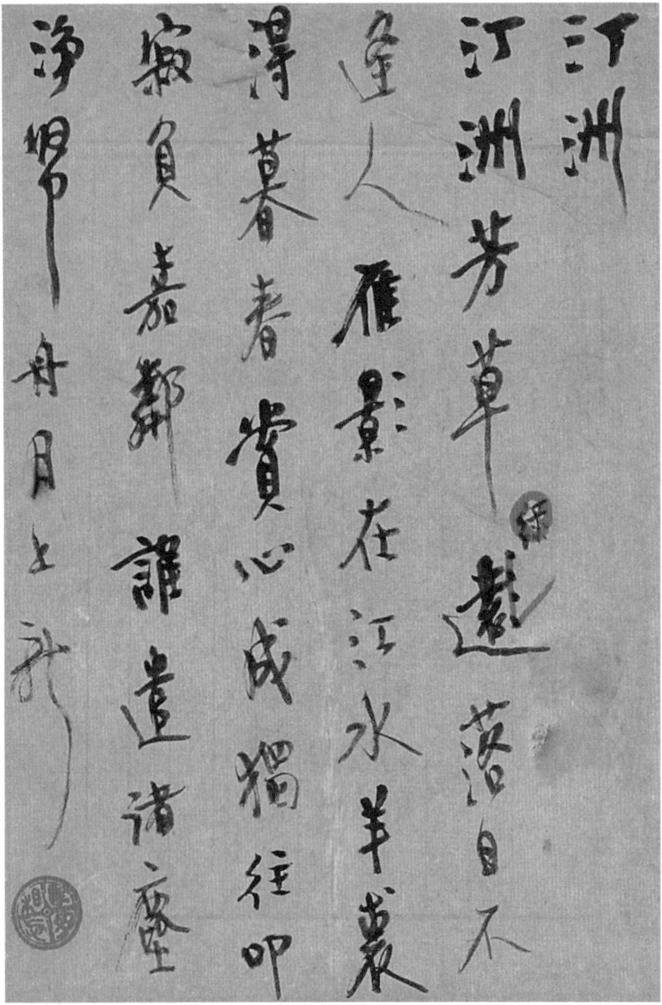

胡小石诗稿

笔墨韵致。他对刻帖、墨迹的临习取法当是为纠正学碑版书迹容易出现的板滞、生硬、做作之弊，以求达到扬碑书之长，而以帖和墨迹之韵补其所短的目的。这一观念与实践也是承自清道人与沈寐叟的思路，他个人书法风格中也明显带有其师“颤抖”笔法的成分。篆书则擅长用方笔与涩笔，上溯殷周金文，下追秦权诏版，而不作小篆；于隶书则从《张迁碑》入手，广撷汉碑；于楷书则兼学锺、王，北魏《郑文公》《张黑女墓志》《董美人墓志》等，而不临欧、虞、褚、薛；于行草则爱好大小王，兼及颜、米等，而不取赵、董，这些都与他的书学观念一以贯之。

作为李瑞清的书法嫡传，胡小石的书法实践基本上沿着老师的道路拓展、深入，纠师之偏，努力去完善这种形式及技巧。他潜心学习和传承了乃师的书法技法与风格，以碑体方笔作“二王”书，行笔每多颤动，然而取精用宏，自成凝重沉郁的风格面目；而贯穿其各体书法的基本笔法是以折为转，节节推进，起笔、收笔皆侧锋方切，笔势则具波曲之意，欲驻则驻，欲驰则驰，留放互用，沉凝处不拘滞，放纵处不轻滑，雄强的笔力赖富有弹性感的运笔节奏而表现出来，这与清道人写金文、魏碑的抖曲笔法已有本质的区别。

胡小石兼善各体，然以行楷、行草书最为擅长，而甲骨文、金文的凝重古拙成为其筋骨内美。胡氏的行楷、行

斜月半庭阴露滴,粤气净暗蠹弹窗,纱春梦查㠶影

净景韵一首

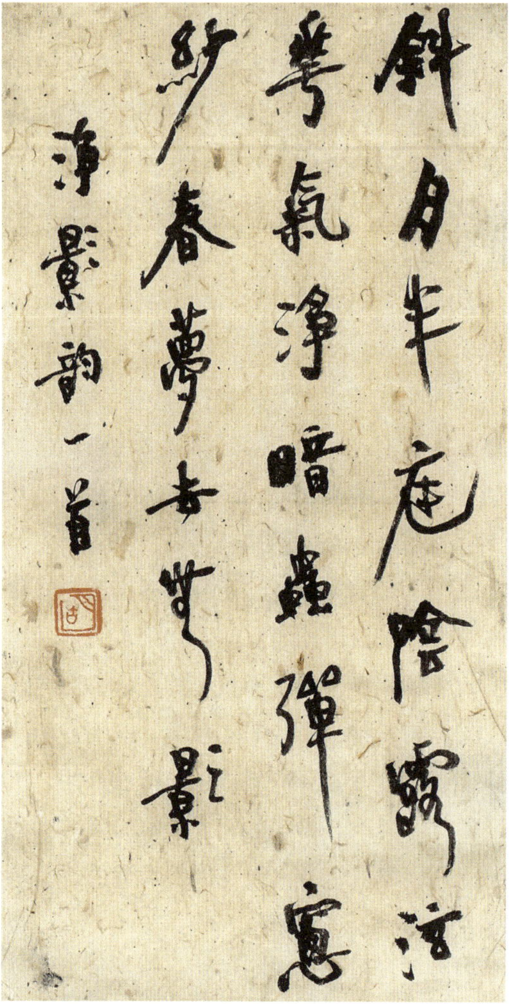

胡小石诗稿

草书以南北朝碑、志、造像记为笔法与结字的依托，此类书法本在隶、真之间，为锺繇一系体势、笔法在形式和风格上的进一步开拓与变化。这一类书迹尚存有明显的隶书遗意，此即“古意”之所在。胡氏对南北朝碑、志的取法，侧重于结字紧促严整、章法井然有序、用笔法度完善的作品，这是南北朝至隋代碑、志中的正宗一路风格，出自书法功底较好的民间书手和未留名的文人士大夫书家之手。从其书路可知胡氏在书法艺术上所持的正宗观念、法度观念与追求完美的审美倾向，他通过大量的临古与创作，建立起来自古人又掺和着自己的独到理解与创造性发挥的碑书法度。

清末民初，西北出土两汉、魏晋大量简牍、帛书，上虞罗振玉选其精者，影印为《流沙坠简》，先生见而喜之，乃尽力揣摩，毕生不已。晚年复自开途径，融碑帖为一体，骨力苍劲，气息深厚，神采奕奕，韵味无穷而成本家面目。胡小石最具个人风格的行楷书和行书成熟于20世纪30年代。晚年笔力愈健，苍茫浑厚，化碑为帖，文质灿然。这种特殊的笔墨效果似乎与他独特的用笔嗜好不无关系，他喜爱用短锋硬朗的狼毫作书。据唐吟方《雀巢语屑》云：“书家有怪癖者，其书奇。闻胡小石写字后不洗毛笔，再作书时，仅开笔锋蘸墨作书。其书笔画性烈，毛笔使然。”他的这一笔法习惯虽源于李瑞清，但是经过长期提炼探索

元三年九月壬子朔辛巳令史克敢言之受書埻道邛皆應令即行

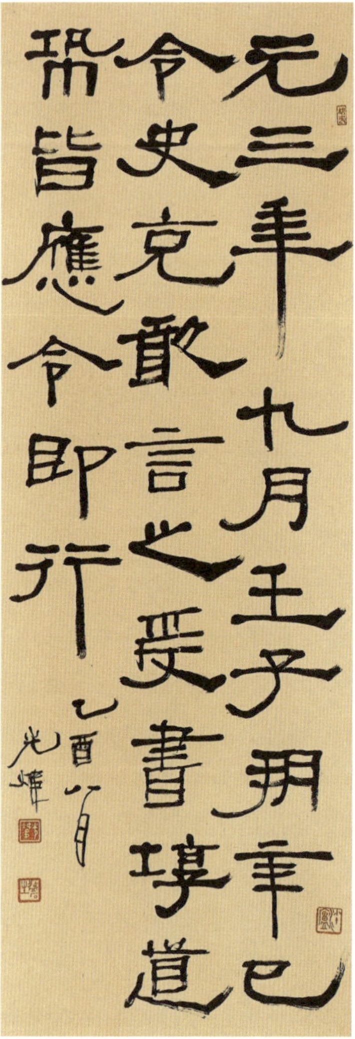

胡小石临古

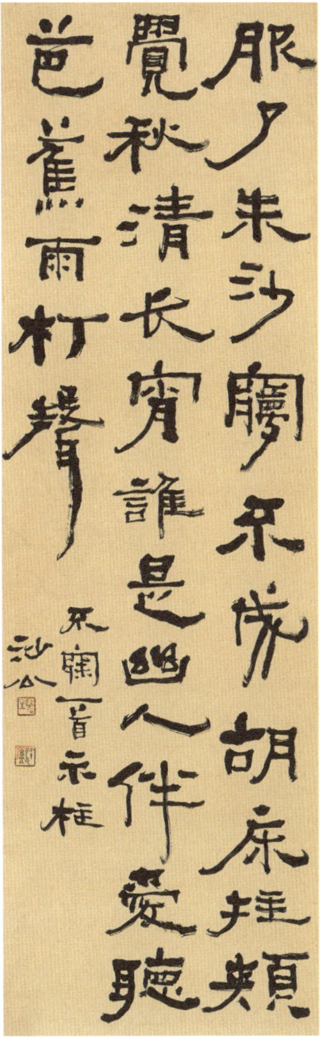

胡小石诗《不寐》

和文史浸润，其楷书、隶书、行草书均超越了乃师，达到了青出于蓝而胜于蓝的新境界，在整个20世纪书法史上具有独特意义。

三、书如其人，气节高迈

“书如其人”，胡小石先生的书法除了师承渊源、书学思想、笔墨趣好以外，更重要的还与他的精神风骨、性格气质息息相关。民初著名书法家曾农髯先生对胡小石有一评价曰：“其为人孤峻绝物，苟非所与必面唾之，虽白刃在前不顾也。及观其事师敬友则循循然，有古人风。”由此可见其性格风骨之一斑。

胡先生性格刚烈，为人耿介，早年无党无派，极少介入政治活动。中年身处北洋军阀和国民党统治时期，对黑暗的社会现实深恶痛绝，心系天下，常怀忧国忧民之心，自然结交了一些共产党人和民主、进步人士。1920年11月，胡小石离开上海北上，受北京女子高等师范学校之聘，任该校教授兼国文部主任，与同在该校执教的李大钊先生相识。二人以“铁肩担道义，妙手著文章”为尚，互勉互励，十分投缘。晚上胡先生常常步行去石驸马大街后宅李大钊家中闲谈，过从甚密。他曾对其女弟子程俊英说：“守常兄是一位爱国爱民的学者，他整夜伏案写文章，想用马克

胡小石与弟子

思理想的共产主义救中国，达到世界大同的境界，我钦佩他，欢喜他，他是我的一位益友。”有一次，北京高校师生发起“索薪运动”，李大刊、胡小石都参加了，大家围在新华门外抗议当局拖欠教师薪水，吁请派员解决问题，但半天无一名官员出面会见。李大钊义愤填膺，振臂高呼，突然因悲怆过度而昏厥在地。站在他身旁的胡小石极度震惊，多少年后言及此事，仍为李大钊的赤诚与义愤而感叹不已，他说：“守常兄平时极为温和，想不到他那天反应会这么激烈。”1922 年 7 月，胡小石辞职南返。女高师大部分留京的毕业生与第二届国文部的部分同学，请李大

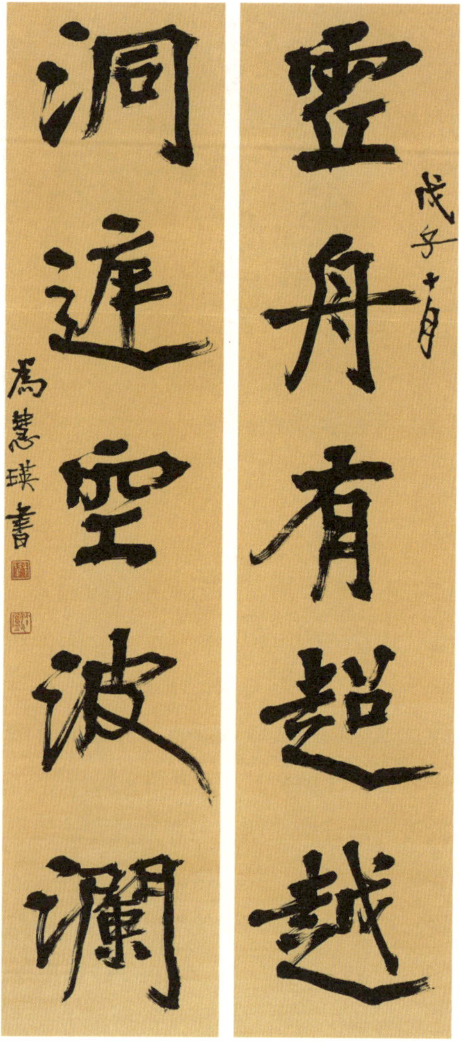

胡小石《虚舟 洞庭》对联

胡小石在书房创作

钊先生作陪，欢送胡小石，并在学校大礼堂前假山上摄影留念。胡小石手捧一束鲜花，站在中央，李大钊先生立其旁，其余师生分立于前。1924 年，胡小石出任金陵大学

今杨公井“古籍书店”牌匾（胡小石题）

教授兼国文系主任。不久，李大钊南下广州途经南京，曾专门下车，登门拜访胡小石。1927年4月，李大钊先生慷慨就义，噩耗传来，“先生哀之甚至，其后辄形诸梦寐”（曾昭燏《南京大学教授胡先生墓志》）。

胡小石先生的书法风格独特，在当时颇受世人追捧。他的字用笔涩峻，万毫齐力，故能峻；五指齐力，故能涩。结字中宫紧收，四面发射，沉着蕴藉，爽爽然有一股神骏之气。现在南京常见先生所题招牌一直沿用至今，如“江苏省国画院”“古籍书店”等。

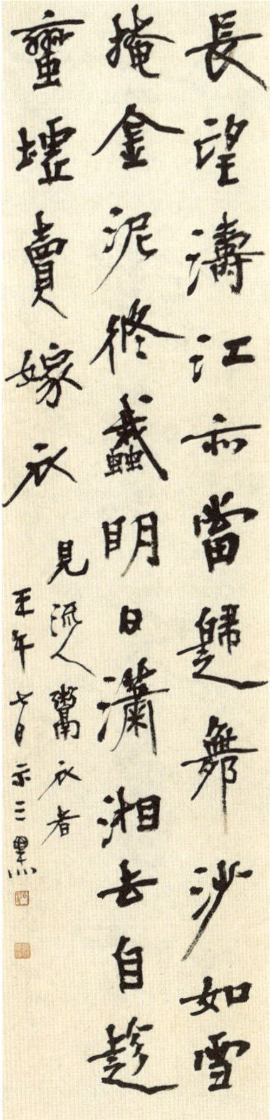

胡小石行书条幅《见流人鬻衣者》

从掾位赵辩言谨案文书城牵牧宿去

启山阴之先河

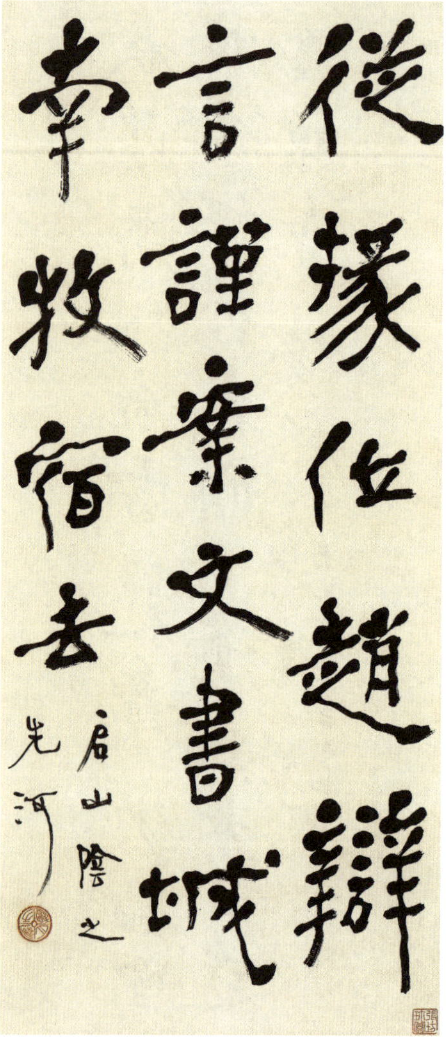

胡小石临古条幅

胡小石隶书对联《既秉　匪为》

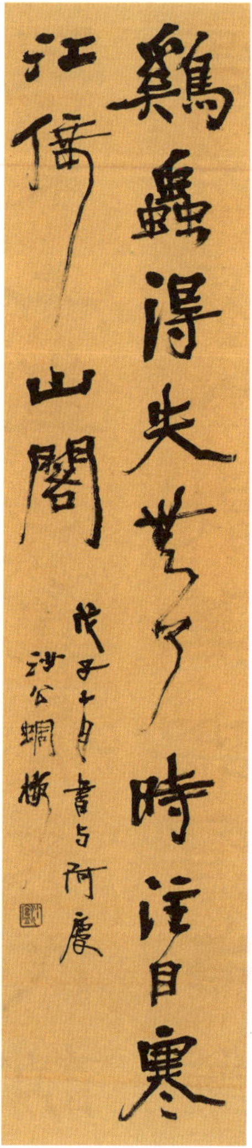

胡小石行书条幅『鸡虫得失无了时，注目寒江倚山阁』

第三章

以画入书　草书新风——林散之书法艺术

林散之雕像（吴为山塑）

林散之（1898—1989），名霖，又名以霖，字散之，号三痴、左耳、江上老人等。安徽省和县乌江镇人。自幼喜欢书画，做过私塾先生，早年跟和县范培开先生学书法，后经他的诗文老师张栗庵先生介绍，拜入黄宾虹先生门下。1972年，中日书法交流作品在《人民中国》首页刊发，一举成名，赵朴初、启功等称之诗、书、画“当代三绝”。林散之先生是中国书法现代以来的一代宗师，他的书法在入古与出新中不断融合创变，衰年变法，形成了自家面貌，被誉为“当代草圣”。他在《林散之书法集——自叙》中总结自己学书过程说：“余学书，初从范先生，一变；继从张先生，一变；后从黄先生及远游，一变；古稀之后，又一变矣。唯变者为形质，而不变者为真理。”一个“变”字，道出了林先生艺术境界不断提升的动力，当然这个“变”是“人书俱老”的自然之变，是“气质变化，学问深时”的渐变，是不期然而然的内在之变。

林散之先生60岁以后才专攻草书，属于“大器晚成”型的艺术家。

1970 年 5 月 3 日春节，林散之在乌江镇浴池洗澡，不慎跌入开水池中，全身严重烫伤，救治 4 个月始愈，右手五指粘并，幸被抢救了拇指、食指和中指，尚可执笔，因自号“半残老人”。

1972 年 2 月，美国总统尼克松来华访问，中美两国在上海发表三个联合公报。9 月，日本内阁总理大臣田中角荣访华，中日发表两国政府联合声明。从此中日关系进入了一个新的阶段。当时“文革”尚未结束，中国文化领域一片萧瑟景象。日本人对当时中国的书法界几乎不屑一顾，甚至有人扬言：“中国人要学书法，要到日本来学。”为了向日本人展示源远流长的中国书法，肩负着中外文化交流重任的《人民中国》画报着手在日文版上出一期中国当代书法特辑。这一年的深秋时节，《人民中国》画报的编辑韩瀚根据《新华日报》美术编辑田原的介绍，专程来到南京为这期特辑征集作品。在江苏省国画院当时负责人亚明先生的寓所，韩瀚第一次见到了林散之的作品，不禁眼前一亮。韩瀚的兴奋也让亚明变得神采飞扬起来，他向韩瀚简要介绍了林散之其人。在当时南京书画界不少人的眼中，林散之是个“怪老头”。他不求闻达的“陶渊明”式的生活方式；他草书中蕴含的独特韵味和前所未有的用笔用墨方法；他对古体诗词的狂热钟情；他和当时南京画家们不合流的画风；以及他富有传奇色彩的人生经历；甚

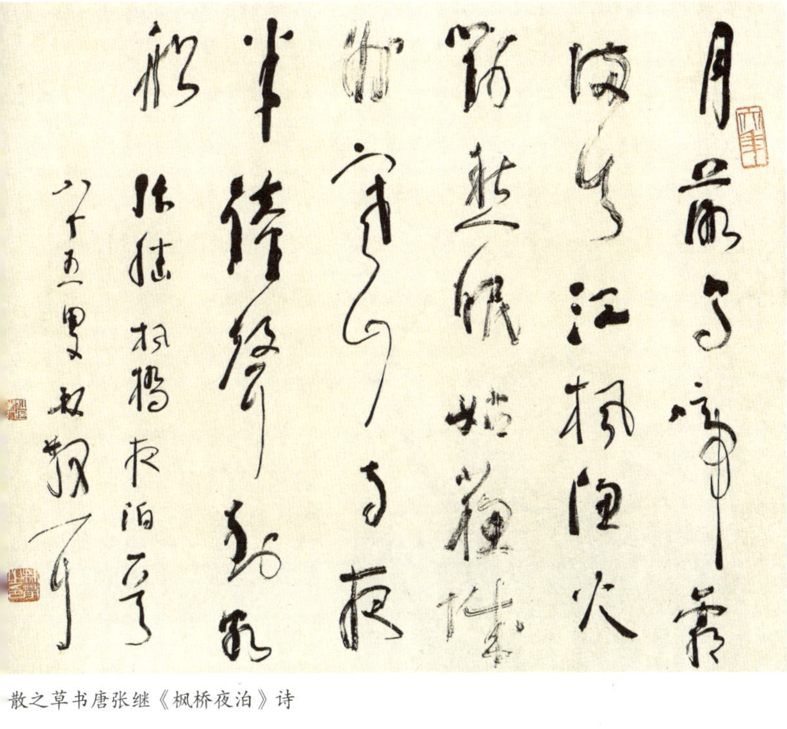

散之草书唐张继《枫桥夜泊》诗

至他全聋的双耳和一身的武功。这一切，都使得林散之身上有着一种与众不同的“怪”。但韩瀚无疑是一位真正的行家，他从“怪”中感觉到了林散之的独特魅力，他不假思索，当即托亚明向老人求书。回京后，韩瀚很快收到了亚明从南京寄来的林散之作品，面对林散之的草书，韩瀚无法让自己平静下来，这幅字被他悬在床头玩味至深夜。第二天，韩瀚决定将林散之的字送给启功先生评定。作为北京师范大学的一名教授，他既是一位大书法家，又是一位大鉴赏家、大学者。启功先生的字法度严谨，气韵醇和，一派正气。再加上他深厚的学养和儒雅的为人，这使他在整个文化界都有着极高的声誉和威望。在启功家中，韩瀚介绍了事情的缘由后，便谈到了林散之，作为江苏省国画院的一位普通画师，林散之当时在国内几乎默默无闻，启功也从未

林散之肖像

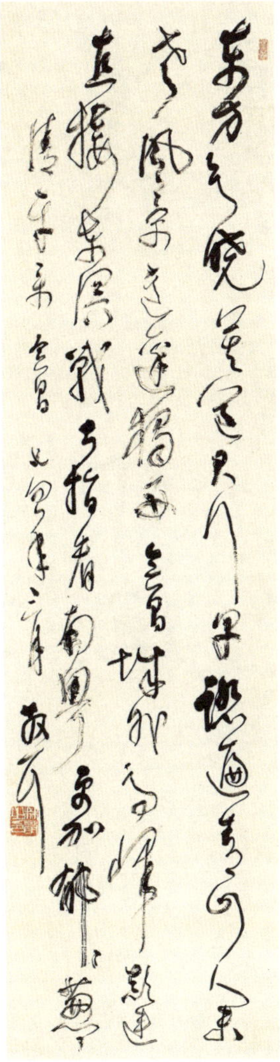

林散之草书毛主席词《清平乐·会昌》

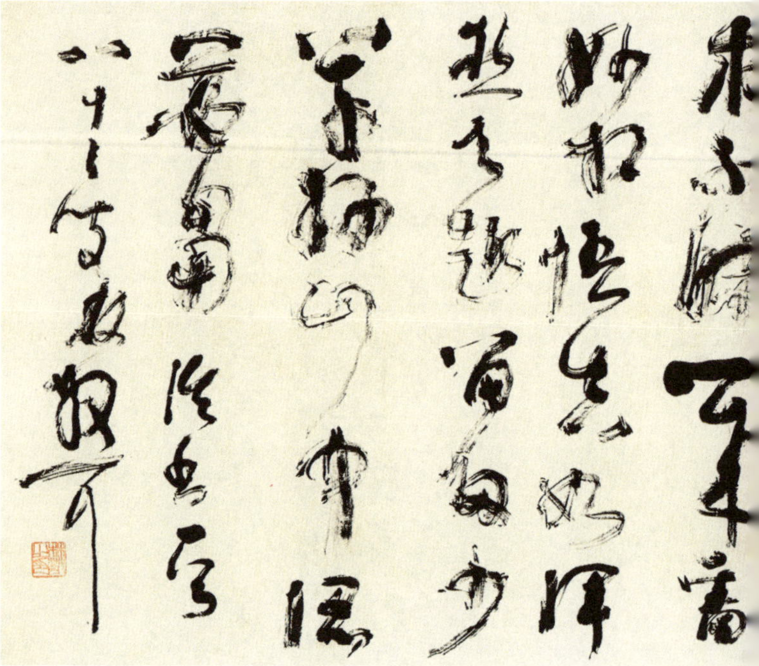

林散之草书《论书诗》

听说过这个名字。韩瀚轻轻起身，将随身带去的一幅林散之草书挂在墙上。于是启功先生的目光落在了林散之的字上。启老先是坐在椅子上欣赏，继而站起来，走到字幅跟前细细端详，又向后退了两步，然后脱下帽子，深深地鞠了三个躬。

作为一名知名教授和书画鉴赏家，启功无疑见过无数

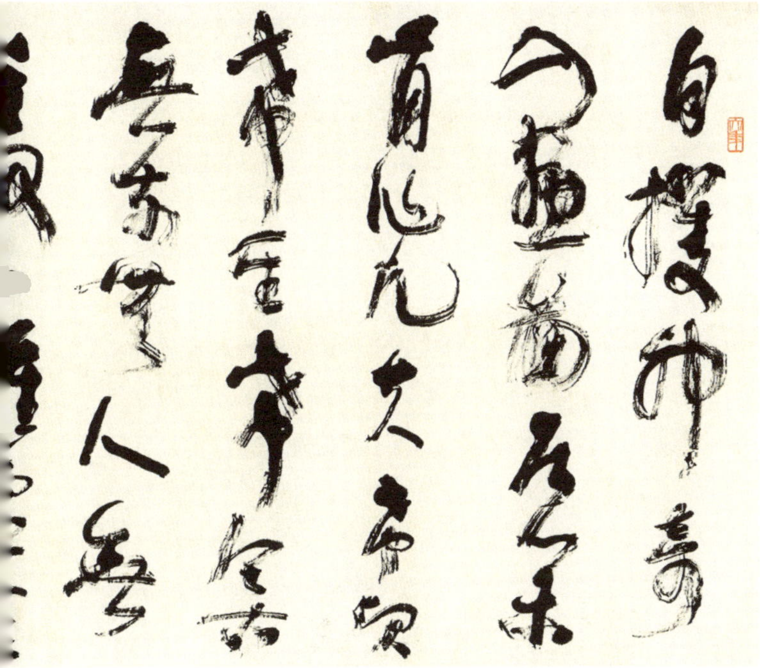

的字画精品，但当面对一件真正的艺术品时，他却无法抑制自己的真挚情感，并用他特有的方式表达了他的激动和对林老的敬仰之情。不久，启功教授便在四尺三开的宣纸上写了两首七绝诗辗转寄到了扬州太平巷林荇若寓所，诗中写道："昔从湖畔望云山，半面青螺卅六鬟。今日披图如见戴，不须林屋扣琼关。""吴生画笔杜陵诗，纸上依稀两见之。触我飞腾江上梦，嘉陵千里夜潮时。”林老将启老的诗悬挂在墙壁上，每日观摩欣赏，和诗也在胸中酝酿成熟：“读君诗句感君意，同是嘉陵惜远游。江上曾惊连夜雨，客中犹记一年秋。乱山处处飞黄叶，断岸时时起白鸥。四十余年陈迹在，浪花声里送归舟。”启功教授赠林老诗，第一首首句说曾经在太湖湖畔欣赏过云雾缥缈中的三十六峰的美丽景色。“今日披图如见戴”借用晋王子猷雪夜乘船到剡溪访问戴逵的故事，说今天我看到你寄来的山水画如同见面一般，不须登门拜访了。第二首中“吴生”指唐代画圣吴道子，“杜陵”指的是诗圣杜甫。启老高度概括了林老在诗画上的成就，可与吴道子、杜甫相媲美。林老赠启老的《嘉陵江图》，激发起启老对往事的回忆，当年夜里过嘉陵江，正值千里嘉陵江夜潮上涨的情景仿佛就在眼前。林老去北京，与启老在友人家做客。座中笔谈，启老写道：“散老，书法上你是大鹏鸟，我是蓬间麻雀。”虽是戏语，说明启老对林老的推崇，也反映了启功老先生虚怀若谷的胸襟。随后，韩瀚又将林散之的墨迹带给赵朴初和顿立夫品赏。在这两位前辈那里，林散之的字同样得到了认可和赞赏。赵朴初观后评价说：“此老功力至深，佩服，佩服！”并说：“请代我向林老表示敬意，如果能得到此老墨宝，我将感到高兴。”顿立夫看了也竖起大拇指，连连赞赏说：“能代表中国！”

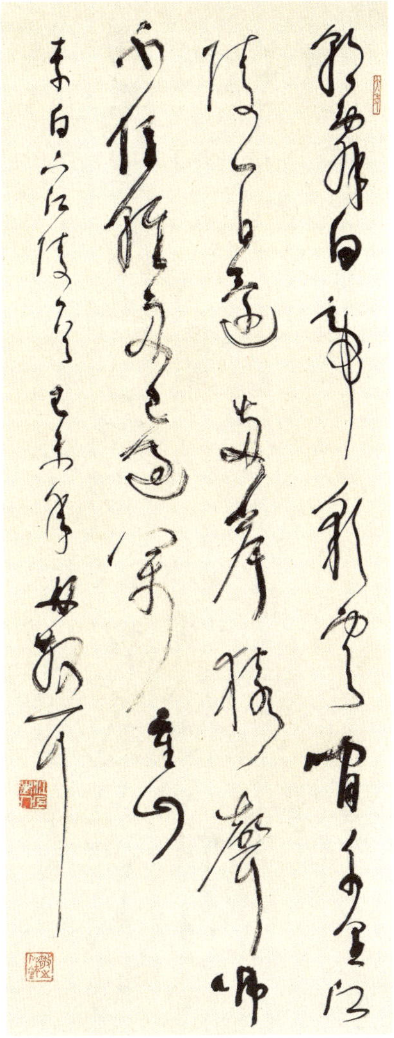

林散之草书李白诗

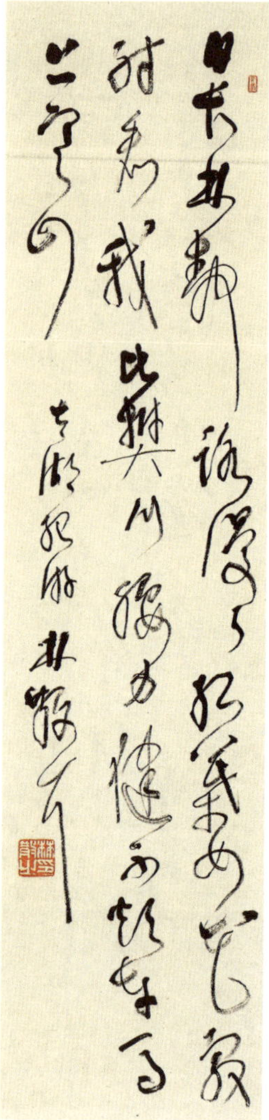

林散之草书自作诗《太湖纪游》

林散之、高二适、萧娴、陈大羽等参加南京市书法印章展览会合影

最后，韩瀚将所有准备刊登的20多件作品送到前海西街的郭沫若寓所，经过当时中国文化界权威郭老的一一审定后，这期日文版的书法特辑于1973年初在日本得以出版。排在特辑首页的作品正是林散之那幅惊世骇俗的成名之作——毛泽东词《清平乐·会昌》："东方欲晓，莫道君行早，踏遍青山人未老，风景这边独好……"这件草书作品笔走龙蛇，瘦劲绵韧的线条连绵起伏，欹侧跌宕，如云飞霞落，酣畅奔放；舒卷纵横的笔意与"东方欲晓"的词意音调节奏互为映衬，表现出优美旋律和深远的意境，

林散之与陈中凡教授亲切交谈

令人叹为观止。自此，林散之的草书犹如横空出世，名震东瀛，令日本友人刮目相看。这一年，他已 75 岁。

林散之先生强调“外师造化，中得心源”，最终达到“人书俱老”的至高境界。曾有题画诗：“有法兼无法，今人证古人。若能师造化，笔墨自通神。”他以画法入书法，以画意融书意，强调写心、写修养、写到灵魂最深处，以“人书合美”的自然妙境，创造了中国书法草书史上的新风。他善于运用笔墨的枯湿浓淡来营造书法意境，与中国书法史上历代草书大家不同的是：他善于运用长锋羊毫和生宣纸水墨晕化的特点来表现中国书法的线条内质，以“拖泥带水”的笔法，化腐朽为神奇，巧妙地把绘画中的皴法融入其中，利用毛笔笔锋绞转、皴擦、中锋、侧锋的复杂变化营造出一种“润含春雨，干裂秋风”的书法意象，在“碑笔帖韵”的笔墨肌理中，把屋漏痕、锥画沙的微妙韵致在虚和缥缈、空灵简远的氛围里尽情呈现，总体构筑出“山花春世界，云水小神仙”

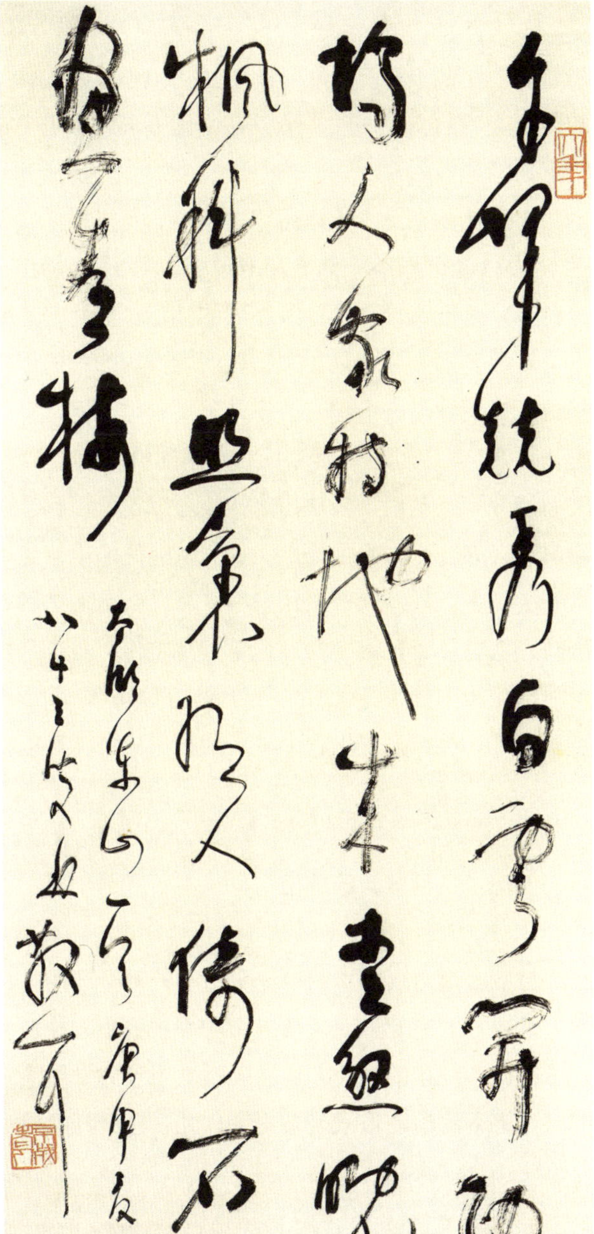

林散之草书自作诗《太湖东山》

的美轮美奂的文人书法妙境，在中国书法风格史中具有独特意义。

这件江苏省美术馆馆藏草书精品，是以现代文学家鲁迅于1933年创作的一首七言绝句《赠画师》为创作文本。这首诗是鲁迅赠给画师望月玉成的佳作，后两句是希望画家有新的艺术创见，以用来描画明媚秀丽的中国山水，使能得见光明灿烂的中国。诗虽是寄寓画师，但含意深远，寄托无穷，表达了对国家和民族未来的信心。此作妙在“势圆而笔方”，全以太极法出之，线质“毛涩而畅”“枯渴而润”，如公孙大娘之舞剑，剑气从腕间流出，足以震慑人心于百步之外。全作采用三行式布白，笔之枯劲，墨之润畅，笔笔见其神逸，类此逸笔草草之作，最难临仿，其笔墨已化为无形，于无法中处处见其法度，修养造化之工溢于毫端。林散之先生在书法上的突出成就，可以归结为三点：

一、创造了一种全新的笔法

林散之最重要的贡献就是创造了一种全新的“拖泥带水”笔法。大家知道，笔法是中国书法的核心技巧，它决定了作品中线条的品质。笔法经过数千年的发展演变，不同时代毛笔的运动形式、节奏变化几乎已经开发殆尽。笔

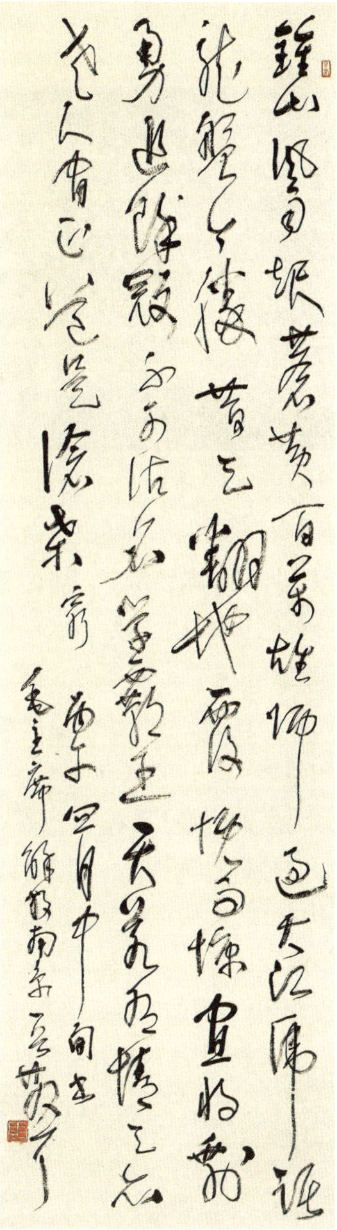
钟山风雨起苍黄
百万雄师过大江
虎踞龙盘今胜昔
天翻地覆慨而慷
宜将剩勇追穷寇
不可沽名学霸王
天若有情天亦老
人间正道是沧桑
林散之草书毛泽东七律《人民解放军占领南京》

林散之与陆俨少交谈

法一向被认为是书法创作中最不可能作出创造性贡献的区域，回顾中国艺术史，都是以书入画，也就是书法影响绘画，但从林散之开始，绘画开始反过来影响书法，而且使书法产生了如此重要的变化，这是中国书法史一次重大的转折，林散之作出了他最重要的贡献。这里当然也有众多的偶然性，1963 年以前，林散之主要寄希望于绘画，书写只是他从属于绘画的一项附属工作，书写自然也采用了与绘画相同的笔法。林散之进入江苏省国画院后，他的过于保守式的黄宾虹画风在几次全国性画展中落选，无奈之下改变选择，决心以书法为主攻方向。林老非常勤奋，一直到 70 多岁的时候还坚持每天早晨临帖、临汉碑。林散之没有想到,这种选择对于他的未来具有何等重要的意义。

大家不禁要问，这种独特的笔法是怎么形成的呢？

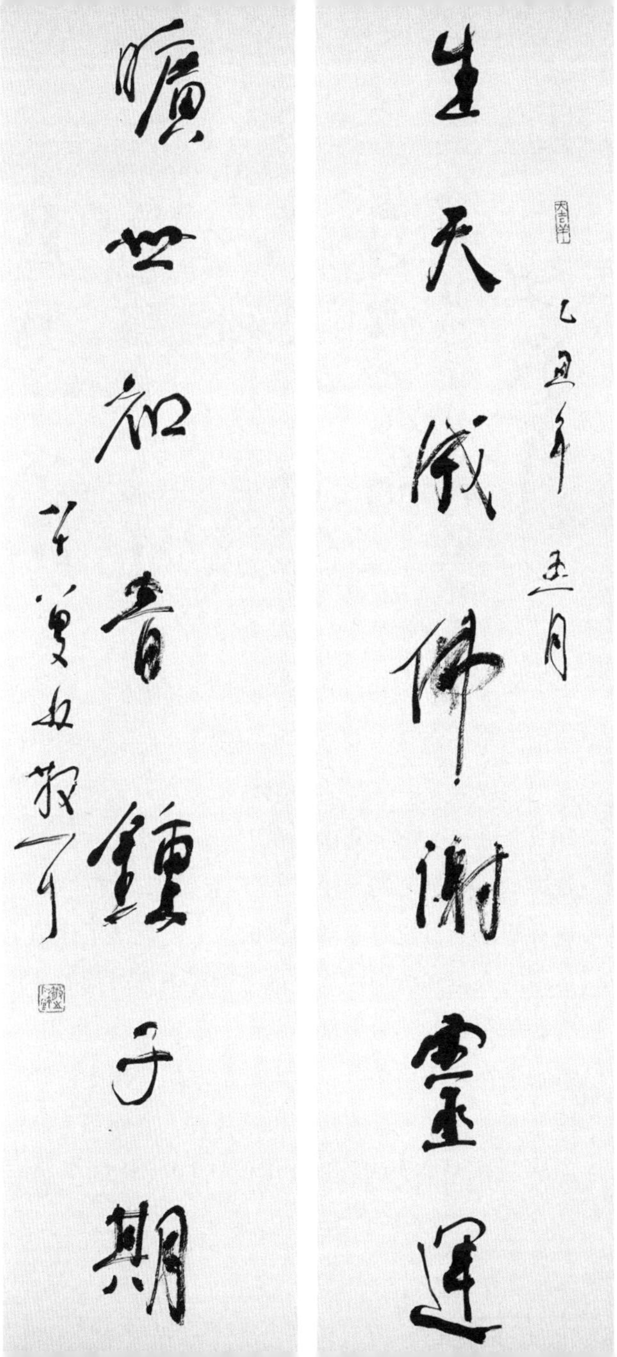

林散之行书对联《生天 旷世》

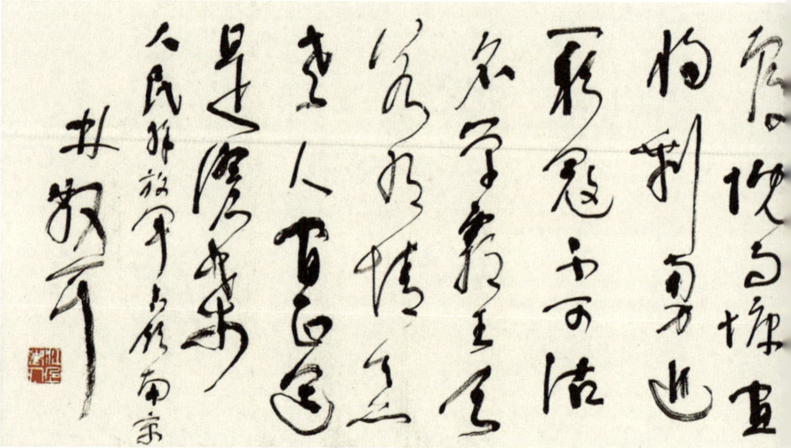

林散之草书毛泽东七律《人民解放军占领南京》

首先，源自师承。俗话说“艺术的第一口奶非常重要”，林散之早年师从黄宾虹先生，黄先生是对金石书画研究甚深的艺术大家。林散之到上海随黄宾虹学习绘画，虽然时间只有一年，加上几次通信，但就是这艺术的第一口奶足足影响了林散之的一生。他全盘接受了老师的观点和方法，这种笔法当然也是老师绘画的核心，融汇了他毕生对水墨运用的心得和技巧。从林散之留存的各时期的画作来看，都是从黄宾虹先生笔墨中化出，是这种笔法忠实的追随者。特别是在使用宿墨上，黄宾虹的画用“积墨法”，但又不同于龚贤，注重金石味，以书入画，老而厚，厚而苍，苍而润。林先生 20 世纪 50 年代到 60 年代的书法与黄宾虹

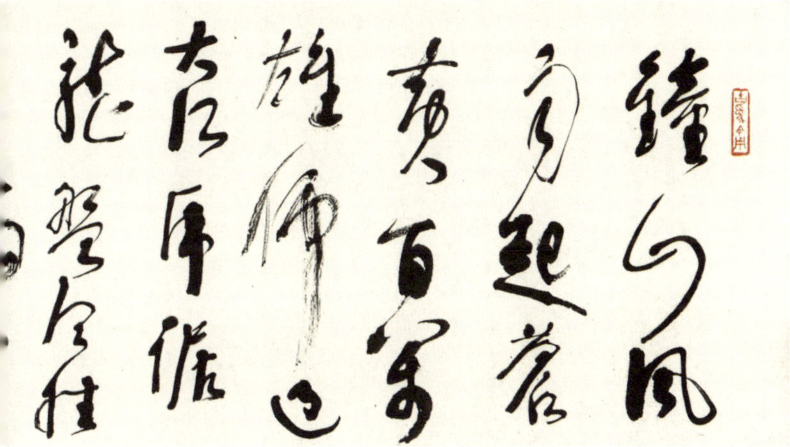

先生的书体很接近，他的金文、大篆写得极具金石味，行楷书也有自己的风貌。

其次，独特的工具特性。书法的创造首要建立在传统的基质上生长。林散之对传统的恪守重在中锋笔法。尤其在草书创作上以中锋为主，这与他追求的“篆隶笔意”是相同的。其论书云：“学书之道，无他玄秘，贵执笔耳。执笔贵中锋，平腕竖笔，是乃中锋；卧管、侧毫，非中锋也。”

中锋之说，盛行于清代。中锋笔法指书写时笔锋始终处于笔画的中部。林散之具有突破性的表现在他的草书上，擅长使用长锋羊毫，这或许得自安徽先辈同乡包安吴包世臣的启发。包世臣用羊毫并不精熟，行笔中扭结，时有拖

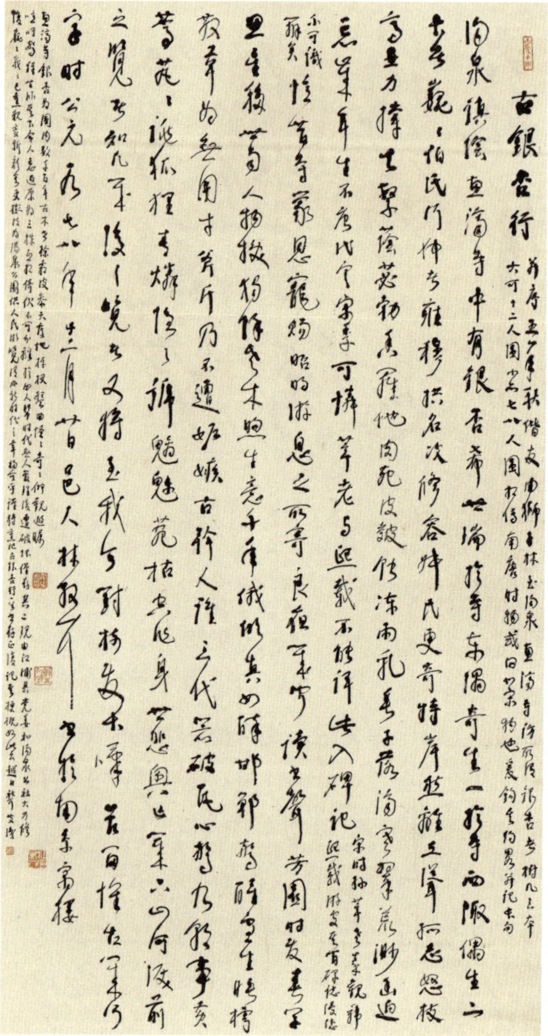

林散之行草书自作诗《古银杏行》

林散之与钱松喦

沓之感。因为羊毫弹性比较差，长锋羊毫尤甚，书写时笔毫变形后不能及时恢复原状，即使使用的是简单的平动笔法，笔毫的缠绞会产生形状非常复杂的线条，这种线条不论是外形还是所包含的内部运动，呈现出全新的面貌。林散之则以柔克刚，拎得笔起，枯而润，瘦而劲，圆处见方，曲中有直，把各种对立范畴统一在整体笔墨韵味中。柔软的羊毫在散之先生手中已具出神入化之功，他腕底的大草，既有龙腾虎跃的纵横气势，又如行云流水般的自由自在，是柔与刚的完美融合，是他大智若愚与功力深厚的体现。毛笔书写经验告诉我们，毛笔的技巧难度在于：当笔画方向发生改变时要控制笔锋（笔尖）的指向，使它始终处于

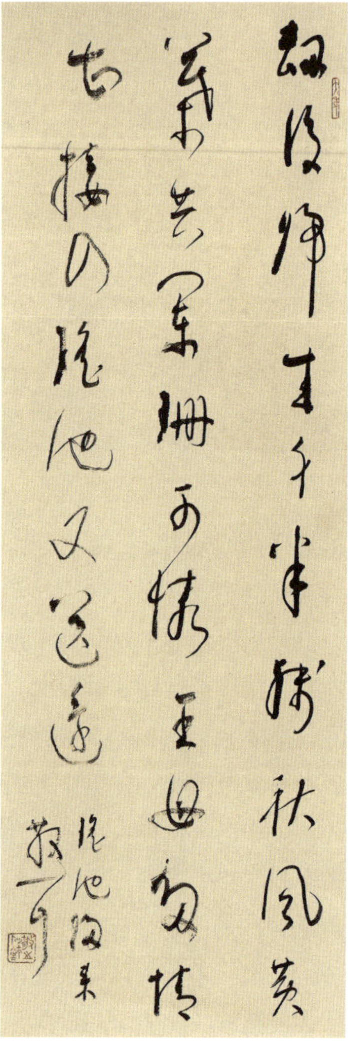

林散之草书自作诗《瑶池归来》

准确的控制中。使用短锋毛笔控制笔锋指向是比较方便的，但是长锋笔毫弯曲后不能即时恢复原有的状态，在笔画方向频繁改变时便会产生不规则的扭曲，这样书写出来的笔画就非常复杂。这种笔法在书法史上从来没有过。这种笔法，在笔毫扭曲后能随着书写的行进而逐渐恢复原状，线条又回到单纯的平动的状态。这种笔法，书写时笔锋内部有复杂的搅动，但又不是绞转（绞转是连续使用笔毫锥体的不同侧面）。复杂性不是来自运动方式，而是运动（平动）与工具复合的变化。线条质地的这种改变，其中虽然有工具的因素，但它与作者的操控汇合在一起，改变了线条内部运动的原理。笔画的复杂性是中锋笔法与笔毫的扭曲叠加的结果。

二、营造了一种“碑笔帖韵”的诗性意境

林散之的草书善于造境，也就是说创造了一种汉字的笔墨意象。他的书法以碑为体，以帖为用，碑帖相融，浑然无迹。他曾说：“我到60岁后才学草书，有许多甘苦体会。没有写碑的底子，不会有成就。”又说：“余初学书，由唐入魏，由魏入汉，转而入唐、入宋、元，降而明、清，皆所摹习。于汉师《礼器》《张迁》《孔宙》《衡方》《乙瑛》《曹全》；于魏师《张猛龙》《敬使君》《爨龙颜》

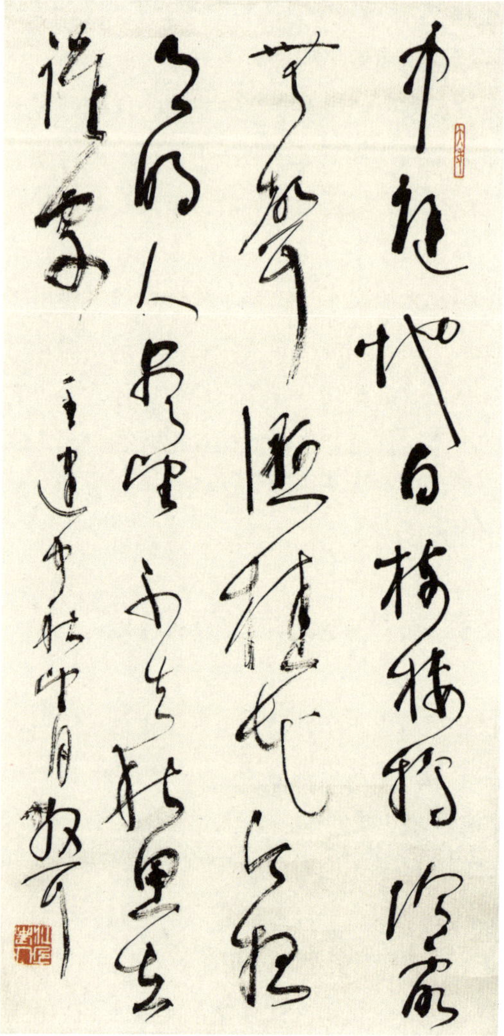

林散之草书王建《中秋望月》

《爨宝子》《嵩高灵庙》《张黑女》《崔敬邕》。此外，林散之坦言："余之学书过程即余学画过程，以作画之理写字，以写字之理作画，互为影响，畅其机趣。"先生最擅于用"涨墨渴笔"，以流动的水墨韵味和浑厚华滋体现帖的精神内质。他说："用墨有七种：曰积墨、曰宿墨、曰焦墨、曰破墨、曰浓墨、曰淡墨、曰渴墨……笔是骨，墨是肉，水是血。极浓与极干的墨放在一起就好看，磨的墨，里面起丝丝，枯笔感到润，墨深了，反而枯。"其墨色变化之大，在古今书家中也是十分罕见的，尤其是涨墨、渴笔的运用精彩之极。古有王铎，今有黄宾虹，而林散之对他们的借鉴是毋庸置疑的，他将书法中墨色的运用又推

赵朴初拜会林散之

向了一个新的高度。纵观林散之的草书作品，正如其所言，满纸一派“润含春雨，干裂秋风”的水墨妙境。他的草书极具观赏性，除了丰富的水墨层次以外，画面中还蕴含着一股浓郁的诗性，犹如一幅抽象水墨画。这与他对诗的长期吟咏和锤炼息息相关。他一生与诗相伴，几乎没有一天不作诗。自言“余八岁时，开始学诗”；诗歌把他的书画、阅读、生活游历贯穿在一起，使他的精神世界始终保持着与传统的密切关联。大量写作，所有感物伤怀、艺术思考都尽力发为歌诗，诗歌写作已与他的生活融为一体，已经超越了一般意义的“吟咏”的状态。他自言：“诗第一、画其次、书又次之……以七分精力用力学诗，功夫最深，两分用于写字，画乃书法余事。”正因为他以诗人自居，有一颗诗心，他的草书才充满诗情和书卷气，而且草书作品绝大多数是自作诗，这在近现代书法大家的创作中也是很少的；正因为他是一个画家，他善于用笔用墨，敢于突破，引画法入书法，他的草书才达到前无古人、耳目一新的个人境界。

三、形成了一套“无法而法”的创作理念

林散之先生的书写自然平和，有人评其写字的状态是“小磨香油”，意思是说慢慢悠悠，不激不厉的样子。他

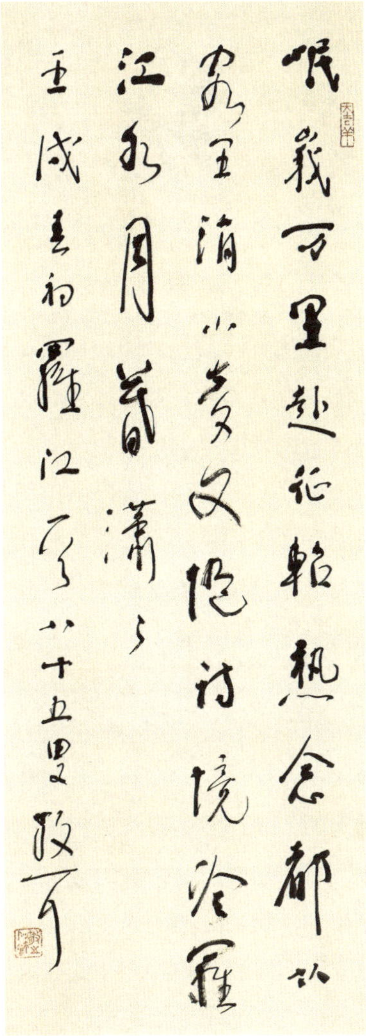

林散之行书《罗江》诗

林散之书《牛劲》横幅

有论书诗："始有法兮终无法，无法还从有法来。千古大成真辣手，都能夺取上天才。"林散之在书写中常常不拘常规，以太极法入书，因势利导，笔与墨与水相互调和，随时随地随势而生，有时写到一个字的中间重新蘸墨，笔头没有墨了也继续写下去，枯湿浓淡一任天然。然而不管怎样变化，书写的总基调始终是雅致、平和，甚至可以说安谧，但他的作品中也有任性、狂狷、叛逆，实际上就是"无法而法""法无定法"、一任天然的最高境界。又有论书诗云："笔从曲处还求直，意到圆时更觉方。此语我曾不自吝，搅翻池水便锺王。""搅翻"看似狂放不羁，蔑视一切法则，但他的作品仍然不曾背离传统的诸多原则。他所说的"搅翻"指的是对已经把握的传统没有任何限制的自由发挥，是超越传统之上的胆识、观念、才情与欲望。"翻搅"之时眼空四海。这种状态使他在认识上超越了历代对"锺王"的论说，超越了他的时代。

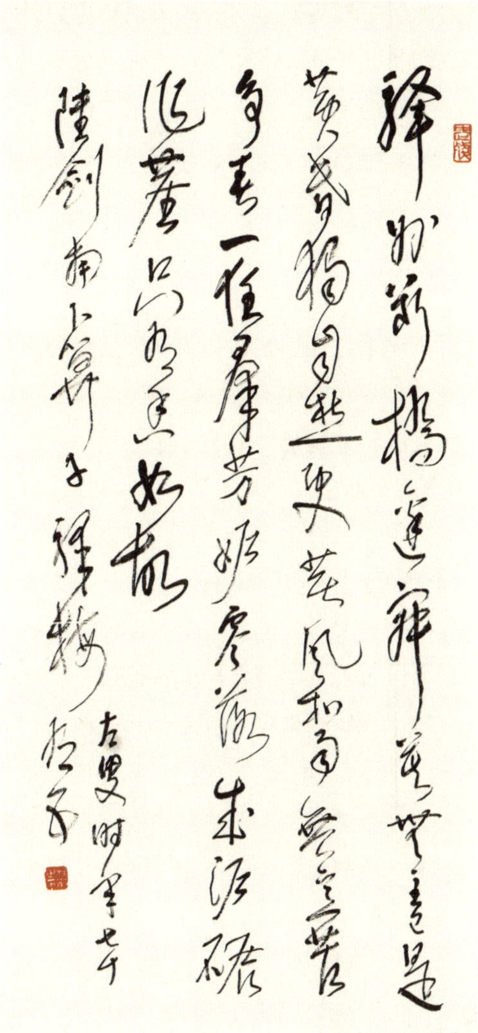

林散之草书陆游《卜算子·驿梅》

林散之的诗书境界除了自身的人格锤炼之外，还得益于同道挚友的相互砥砺。其中有一个人不得不说，那就是林老晚年最亲密的诗友、天下一高的高二适先生。“金陵四老”中，林老与其他三位老人都有交往，与胡小石先生相识于 1958 年 12 月 24 日政协南京市第二届委员会上。与萧娴先生相识于 1961 年暑期，是在市文联举办的一次书法讲座上。与高二适先生相识于 1966 年，是经江苏省国画院资料员何乐之先生介绍相识的。这里还有一段关于林老与高老当年结交的真实故事。早在 1962 年，高老在江苏省政协看到林老写的一幅毛泽东七律《长征》的草书条幅,激动地脱口而出:“这才叫字,字字精神,耐人寻味。”这时，高老并不认识林老，由于这一发现，开启了他们之间一段不寻常的友谊。一次画院资料员何乐之将林老的诗抄录了一些送给高老看。高老看过后连声称赞：“诗坛一绝！”于是他也将自己平时所作的诗抄录了一些，要何乐之带给林老看，并致约晤面。林老早就知道高二适先生的大名，1965 年在毛泽东主席的支持下，就《兰亭序》的真伪与郭沫若先生展开学术争鸣，声震南京。他读了高老的诗文后也大为惊叹，未想到南京有此诗坛高手，急请何乐之恭请高老晤面。1966 年 1 月 11 日(农历腊月二十)晚，还有 10 天就要过春节了，高老在何乐之的陪同下，来到了林老寓所。在这夜深人静小雨霏霏之时，他们谈诗论书、

林散之行书对联《读书　磨墨》

林散之山水画四条屏

1989年11月中旬，林散之先生写下了“生天成佛”，成为绝笔。12月6日，溘然长逝。

纵议古今，虽然是初次见面，却感到似曾相识。林老为这次晤面写下了五首诗，诗中有云：“小阁江南夜，风尘揖上宾。人间初见面，天外正逢春。洛下知名久，今逢陆士衡。谁云士不遇，七十见先生。”三个月后，林老又在《春日寄怀二适》诗中写道：“今年新春节，细雨北门北。不辞夜履艰，过我湖边宅。抗论古今人，欣欣两心得。征和出新诗，立言各有择。”高老也有诗记述这次会晤：“书到酣时千万字，情投深处两三更。昨夜风雨今宵月，只欠心声作画声。”自此以后，两人过从甚密，或杯酒论诗，或以诗代柬，奉和不绝。1977 年 3 月 15 日，高老因心脏病逝世。林老十分悲痛，当晚为高老写了碑文：“江南诗人高二适之墓。”第二天，他又含泪写了一副哀联：“风雨忆江南，杯酒论诗，自许平生得净友；烟波惊湖上，衰残衔泪，那堪昨夜写君碑。”哀联再现了他们的交往史，寄托了他的哀思，凝结着他的心血，是一副难得的佳联。他写好以后，亲自将这副挽联送到高宅，伏坐在高老生前使用的书桌旁，悲恸不已，在场的人无不为之动容。1977 年 9 月 24 日，高老女儿可可持陆俨少先生《人日诗思图》来请林老题跋，林老云：“余过江初即结识二适先生，每于风雨窗前相对纵论，时时有匡不逮，实古之谅直之朋，江南无二。今春三月，忽病归道山，感怆不可为怀。”并衔泪书二绝句：“潇潇风雨忆江南，杯酒窗前促膝谈。自谓平生得至友，于君可算已成三。先生高义迈今古，低首宣城更没诗。凄绝春风三月半，衰残衔泪书君碑。”

中国书法是一个历经千年已经发展得充分完备的形式体系，它在技术、构成的每一方面都经过漫长时间的探索，形式的每一个细节几乎都被利用来创造过出色的作品，后人在这一领域的创作很容易落入前人的窠臼，因此从其他领域寻求借鉴，是一条重要的创新路径。与书法邻近的领域，除了诗词韵律、视觉元素、笔墨技巧的融合上，首推中国画。书法史上以画入书的也大有人在，林散之在这一

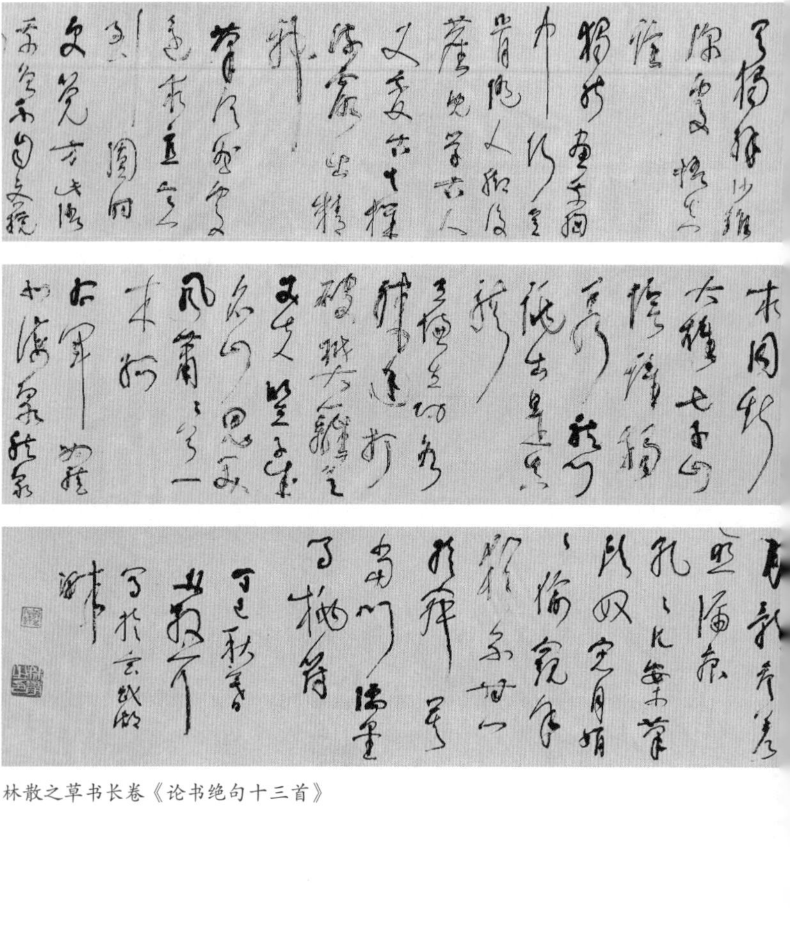

林散之草书长卷《论书绝句十三首》

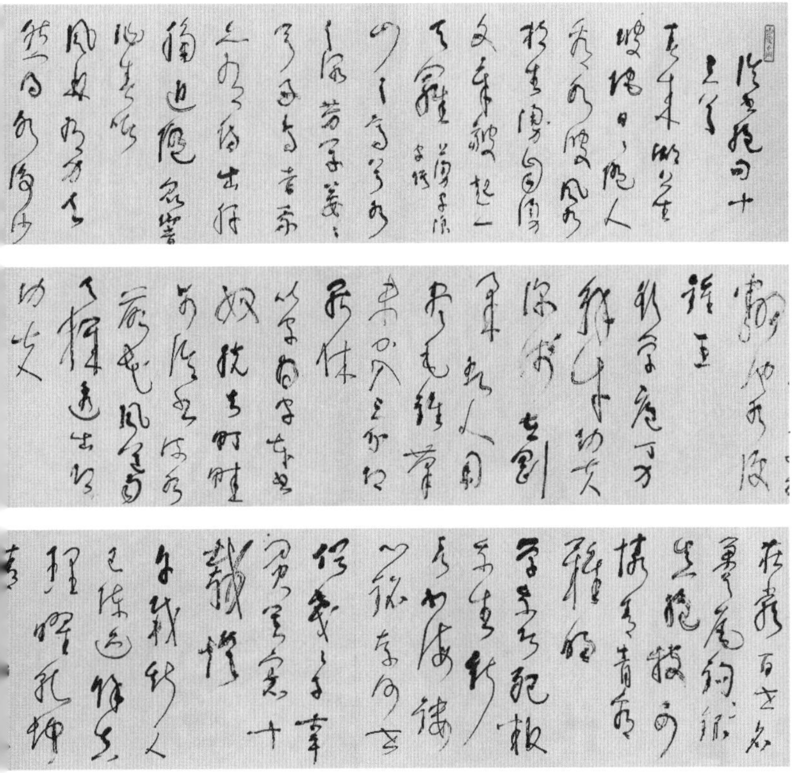

点上并非首创，但通过向黄宾虹学习绘画而把晚近绘画中运用笔触和水墨的方法带到书法中，作出重要的贡献，这恐怕是所有人都没想到的结果。林散之是“大器晚成”的典型，也正因为其出大名很晚，数十年寒灯苦学，滋养了其书之气、韵、意、趣，使之能上达超凡的极高境界。也因其书具有超凡脱俗的境界、深邃隽永的意韵，才能使书界中人对之品赏愈久，得益愈多，感受愈深，认识愈深。他对现代中国书法艺术事业的贡献，真可谓“功莫大焉”。

林散之给当代学书者树立了一个榜样。传统意义上的书法学习必须像林散之这样在全方位上下功夫，才能深入中国书法的堂奥，书文双修、书人合一，以全身心的投入为前提，才可能有希望。一位书者对传统文化和精神生活的深入，对传统技法的深入、把握、转化，这些要素缺一不可；任一方面的缺失，便会导致书法内涵的虚伪和矫饰。这本来是中国书法博大精深的内在常理,终因隔绝得太久，又有各种误读和大众俗化,以致现代人便把它看轻看浅了。通过林散之的书法修炼之路，让我们又重识这一千古不变的定律。

第四章

『三石』为宗　独善擘窠——萧娴书法艺术

萧娴雕像（吴为山塑）

萧娴（1902—1997），中国当代最为著名的女书法家。字稚秋，号蜕阁，署枕琴室主，贵州省贵阳市人。父亲萧铁珊是孙中山先生的追随者，又是著名的南社社员，工诗文，善书画；萧娴幼承庭训，垂髫之年就以善作擘窠大字闻名乡里；早在20世纪30年代，她的篆书《临碣石颂》已列入《当代名人书林》。1964年，成为江苏文史馆馆员，1981年，江苏省南京市文联为她在江苏美术馆举办书展，历时一月盛况不衰。这次书展充分显示了她的艺术水平和风格，是中华人民共和国成立以来江苏省最盛大、历时最长、观众最多的书展之一；1984年调入江苏省美术馆，专门从事创作；1997年因病离世，享年95岁；贵阳市翠微阁专门设立有萧娴作品陈列馆。

萧娴是迄今在全国成就最高、影响最大的江苏女书法家。自幼随父萧铁珊遍习名家墨迹，13岁为广州大新百货公司落成书写擘窠大字，有“粤海神童”之誉。1923年，随父迁居上海，拜碑学运动的旗手康有为为师，南海先生见到萧娴13岁时所书《散氏盘》铭文后，赠诗云：“笄

萧娴榜书《道登天门》

女萧娴写散盘，雄深苍浑此才难；应惊长老咸避舍，卫管重来主坫坛。”萧娴书法深受乃师康有为影响，书从篆隶入，以“三石一盘”（篆书《散氏盘》《石鼓文》、隶书《石门颂》、楷书《石门铭》）为宗，一生不辍，形成了苍茫恣肆、风云入怀、浑厚圆润的书美风格，开辟了擘窠大字书法新境界。

萧娴书法创作中

萧娴先生自号“蜕阁”，笔名何意？自答：“蜕阁，就是蜕出闺阁的意思。人家说我的字不像女子写的，我就起了这个笔名。”几千年来的封建禁锢，极大地抑制了女性艺术才能的展示，就书法而言，《玉台书史》（清人厉鹗撰）辑历代妇女能书者，仅211人。在浩瀚的中国书法史中，不能说不是失落的一面。萧娴，几乎与20世纪同龄，这个世纪是中国历史上社会变更最大的时期，也是中国妇女逐步走向真正解放的时期。从清到民国再到中华人民共和国，她经历了3个完全不同的时代。她最早的10年处在清王朝的光绪和宣统两代，

萧娴（1902—1997）

10岁正值辛亥革命，1949年中华人民共和国成立，她已47岁了。从女性视角看，她属于女性从禁锢中觉醒、解放时期较早的一代艺术家之一，这一辈女性是旧和新的过渡者。她是幸运的，比她小4岁的著名女作家谢冰莹，还遭受过缠足之痛。萧娴的幸运还有诗人兼书家的父亲萧铁珊作为她的第一位老师。后经父亲介绍，拜康有为先生为师。康先生是维新派，受西方“天赋人权”思想影响，倡导“天足运动”和“兴女学运动”；在书法上，他是继包世臣之后力倡北碑的主要人物。正是这位思想和书学上的维新者，给了年轻萧娴纵横书坛的勇气。萧娴雄强苍遒的书艺，反映了那个时代中国女性觉醒解放的新气象。她强调书法一定要多看多读前人法书碑帖，看和写是两个方面，多看得其神，光写只能得其形。看，包含对用笔、结构、节奏等的理解和领悟，精神融入，书写时自然流露。她还认为，书法家也应饱游沃览，留心大自然，去名山大川领悟大自然的生机活力，开阔胸襟，挥写时才能将其融入笔端，发挥出纵横

娴行书《爱菊》

恣肆的神采风骨，这些都是她的切身体验得来的。

中华人民共和国成立后，鉴于萧娴先生的艺术成就和社会影响，为了加强当时江苏省美术馆的创作队伍，提升美术馆知名度；同时也解决萧娴先生家里实际生活困难，更好贯彻党的文艺方针政策，1984 年，经省有关部门商谈后，作为特殊人才，萧老调入了江苏省美术馆。虽然 83 岁高龄调入事业单位有违常理，但她在海内外颇有影响，不拘一格推人才体现了党和政府的英明决策。可以说，萧老是被改革开放的春风“吹”进了江苏省美术馆。从此，萧老成为专业书法家，并评聘为国家一级美术师。从历经坎坷到获得荣耀，萧老感慨万千，同时在思想上由感恩而升华。此后，她冲破重重顾虑，于 1991 年 11 月下旬向省美术馆党支部呈交了入党申请书。萧老的入党申请书是一篇言辞恳切、动人心扉的好文章，也是研究萧老思想历程的重要史料。接到申请书后，省美术馆党支部立即向省文化厅党组和厅机关党委做了汇报，领导也很重视，指示按标准和程序办理。于是，支部书记朱葵等去萧老家进一步谈话。1992 年 4 月，召开党小组会讨论，并听取党外人士意见。6 月 17 日召开党支部大会，一致同意萧娴同志加入中国共产党。7 月 1 日，在省文化厅系统新党员宣誓大会上，萧娴和 10 多位中青年新党员一起，举起

1981 年萧老在江苏省美术馆个展上当众挥毫写了“长城归来”4 个大字

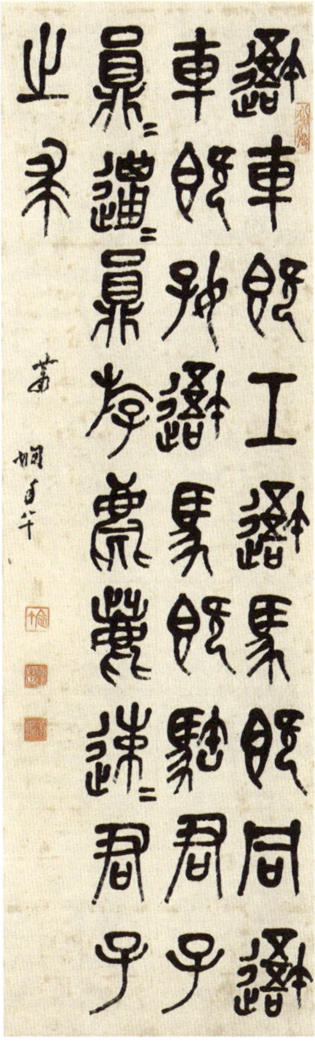

萧娴临《石鼓文》

萧娴隶书对联《且有 而无》

萧娴先生讲书法之道

右手在党旗下庄严宣誓，并当众挥毫书写了发自内心的4个大字：“奋斗终身。”这4个浑厚洒脱、洋溢着忠诚奉献之美的大字，被省美术馆珍藏。萧老不忘初心，时刻以共产党员的标准和要求为准则，她以书法服务人民，报效祖国。凡各地博物馆、名人故居纪念馆、名胜古迹、重大纪念活动，以及各书协、报刊、单位求书法，不论刻石制匾、展出、收藏、发表，她都认真书写，不计报酬。为支援灾区，修建长城，慰问前线将士，为儿童和残疾人福利基金会筹款等，她书写作品达数百幅之多，有时救灾应急，即使抱病也勉力为之。1995年以后，萧老健康状况渐差，

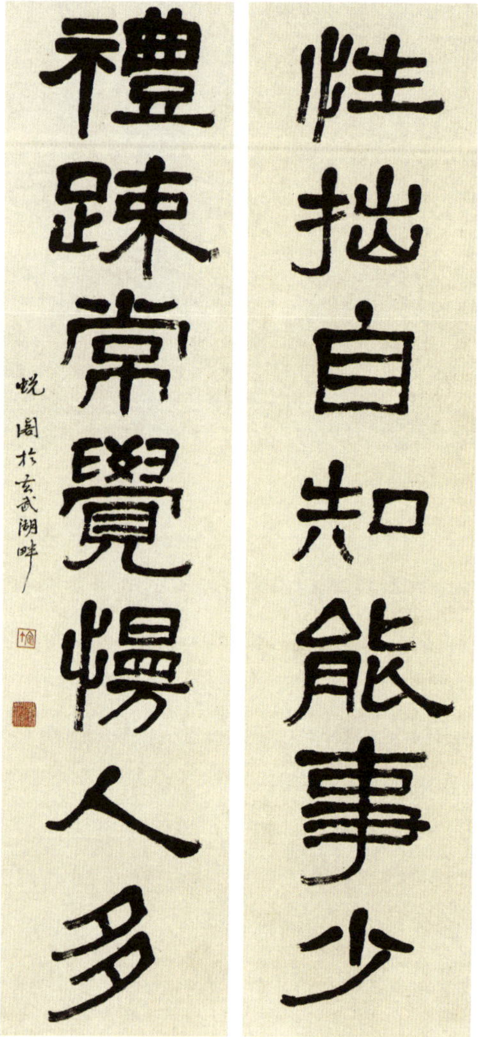

萧娴隶书对联《惟拙 礼疏》

萧娴隶书对联《家在 春来》

于 1997 年 1 月 16 日下午 2 时 10 分逝世。26 日下午在石子岗殡仪馆大礼堂举行遗体告别仪式，省、市有关部门和领导赠送了数以百计的花圈、花篮、挽联。省美术馆的挽联总结了萧老光辉的一生：“萧散隽逸，雄深苍浑，笔飞墨舞，一代巾帼冠书苑；娴静淑雅，温厚淳良，德高望重，千古懿范在人间。”

从萧娴先生的书法渊源来看，她用心用力主要在“三石”，即《石鼓文》《石门颂》《石门铭》。《石鼓文》为先秦石刻，康有为称其“如金钿落地，芝草团云，不烦整裁，自有奇采”，为大篆一系的代表作。《石门颂》为汉代大型摩崖刻石，雄健舒畅，是汉隶中的神品。《石门

萧娴行书横幅《浪遏飞舟》

铭》是北魏摩崖刻石，为豪宕宽舒的行楷书，康有为认为是“飞逸浑穆之宗”。“三石”包含了篆、隶、楷、行，《石门颂》《石门铭》皆属于长枪大戟、意态恣肆者，这就奠定了萧娴书法开张雄肆的基调，造就了她雄浑苍朴而又豪放舒展的书风。应该指出的是：这一书风的基础是康有为所主张的，是康氏对萧娴影响的主要方面，也成就了她在篆书和隶书上的高深造诣。萧娴的行书是唯一直接承继康氏风神的，那种浸淫于北碑又出入于颜真卿《争座位》，既纵横跌宕，又朴拙浑穆的意态，一脉相承着。随着时日的推移，萧娴的书风也在渐渐变，篆、隶由苍遒转人真朴，行书也摆脱了康氏波澜起伏、奇肆过甚的毛病，更增了隶、楷的成分，虽长撇大捺，而不觉其野，不觉其霸，磊落洒脱，有浩然磅礴之气。俞律先生说得好：男性习北碑，“实为阳刚之扩大，其结果每每见粗犷。而女性习碑，实为对阴柔之绝好矫正与补足”。萧娴的书法，尤其是晚年的书风，例如《石鼓文》，可以与吴昌硕做一比较，显而易见萧氏的平淡天真和吴氏的奇崛苍劲。萧娴书法得力于北碑的阳刚之气，仅是她一个方面，在年少气盛时较为突出。与其他女性一样，她也不乏阴柔的一面，体现在书法上的，就是质朴无华，这是沧桑饱经的母亲的性格，宽厚淡泊，安稳闲适。书的风格与人的性情相一致了，便是人们常说的“人书俱老”，进入了书艺的高级境界。

萧娴行书对联《大爱　高风》

萧老一向重视“书外功”，提倡“书文并茂”。她认为，如果一幅书法被人“一览无余”，欣赏不到书法的弦外之音，那仅是“字匠”所为，真正的书法应“得之象外，超以寰中”，予人以丰富的联想。萧老挥毫之余，常手不释卷，即使生病住院，也不让一日闲过。萧娴除书艺外，又擅诗词，著有《劫余草》。存世的墨迹中有一本手工装订的毛笔写的诗稿，其中既有写中华人民共和国成立前忧国忧民之情，写抗日战争期间颠沛流离之苦，也有写中华人民共和国成立后欢快昂扬之志。其中还有南京解放后不久所作几首诗，内容是她送弟弟、儿子、女儿、媳妇4人参军，南下解放全中国。其中有诗句云：“执手叮咛嘱，报国愿已酬”“莫以家为念，西南望早收”“临行无别语，勿贻父母羞”，充分表现出一位爱国志士的磊落心怀。林散之有《赠萧娴老人》诗赞美她的书法和诗词云：“豪情书似康南海，逸气才留郑小坡。”下注云：“君书学康有为，而词气又近郑文倬，小坡其字也。”她的诗幼承庭训，得力于《千家诗》，时有佳作。她的《劫余草》中《咏竹》一首云：“我爱青青竹，飘然异卉木。数竿窗前植，隔廉漾新绿。闲取月下影，摹作画中读。忻然此生机，意可医吾俗。”平淡清新，颇有陶渊明的田园意趣。她也治印，常用的白文方印“萧娴”和朱文方印“枕琴室主”，皆属自篆自刻，平整中见奇妙，足见其功力不凡。她还喜爱音乐，名其室为“枕琴”。这些多方面的艺术修养都滋养着她的书法境界的渐进与升华。萧娴先生的总体书法艺术风格，概言之有四大特点：

一、“大”，字形之大，气象之大

萧娴书法艺术特色最突出的就是“大”。这个大，最明显的是字径大、气象大。她在其《庖丁论书》中写道：“我爱榜书，因爱大物，诸如我爱长江，汹涌无际；我爱长城，屏障万里。三年前还乡，雨中畅游黄果树，得观大瀑布，诚然悬河之势，纷披倾泻，畅游归来命笔，榜书总觉顺手。”所谓榜书，就是写在匾额上的大字，和古代标题在宫阙门额上的署书一样，讲究气势大，而气势大首先要表现形体的大。所以现在广义地谓之“擘窠大书”。萧娴写大字，其形体大到什么程度，她自己说是越大越称意。但这个大当然有个限制，就是在人的臂膀挥动所及的范围之内。六尺整张的宣纸写一个大字，是最大范围了。她所书“真善美”和“黄山归来”就是每个字都写在六尺整张的宣纸上的。写大字必须要有大气势、大气象。大字之难，在于结构之美，要结密而无间，整体要平衡。平衡不仅是几何图形的轴心确定的平衡，那样的平衡是机械的、板滞的，而整体上的平衡是意象

萧娴行书对联《青山 绿水》

萧娴隶书对联《神女 落花》

20 世纪 70 年代萧老在百子亭老宅挥毫

上的，是大的视觉上的平衡。萧娴写大字是常常超越常规的，如“春”字的磔则极其夸张，甚至有点故作奇势的匠心独运。然而恰恰是这一磔，支撑了左倾的字体，维持了整个字的平衡，这样形成的平衡可谓之不平衡中的平衡，比一般的平衡更具奇势之美。萧娴作品“研道”两个字中的“道”字，“首”字如此之小，而“辶”又如此之大，岂不是结构不匀而形成了形体的不平衡？这又是一种萧娴的大字特色：以大支小，而令人感受到一种宽绰之美。凡此种种，都是萧娴书法平衡法中的特例，

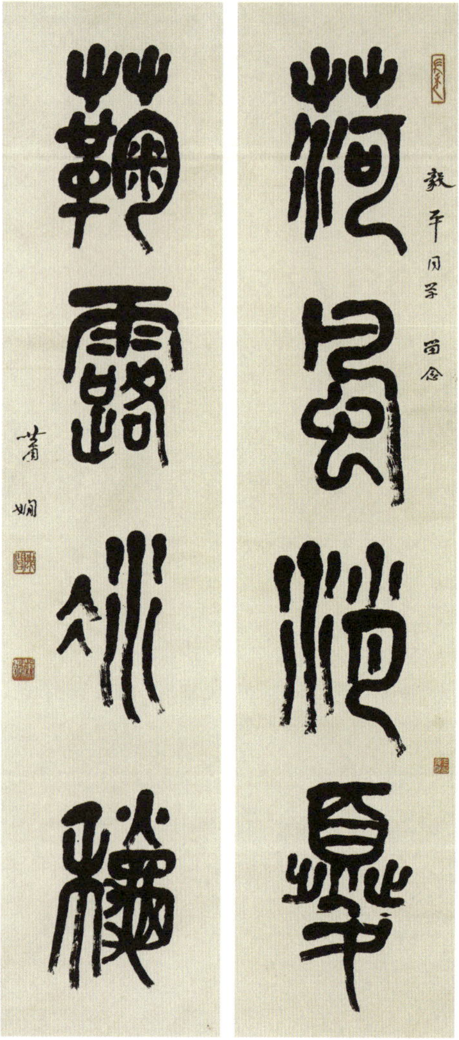

萧娴篆书对联《荷风 菊露》

在一幅作品的通篇之中，不必字字如此，字字如此则怪，而诸字之中有着一两个这样的特例平衡，则通篇见精神。萧娴大字楹联，往往妙在如此，这是书家胆识的最好体现。她在《庖丁论书》中说：“一位著名的画家说：‘胆子大，事就成了一半。’此语最妙。适用于学书，不管临池还是创作，抓起笔来就写，往往得趣，若左顾右盼，患得患失，人既窘迫，书必不佳。”她追求的正是这个胆子的“大”，有了这个胆子的“大”，才敢于放手写大字。她说的“得趣”，最根本的就是结构平衡中的奇趣。

二、“圆”，笔要方，势要圆，气更要圆

萧娴先生作书除了姿势开张，下笔大胆迅疾之外，在书写的小动作上喜欢捻管。所谓捻管，就是作书执笔时，根据行笔的走势需要自觉或不自觉地转动笔管调整笔锋，虽然是很微妙的动作，但在点画形态的笔墨表现上效果明显。这一技法上的别别窍，不是萧娴的独创，而是来自老师康有为的作书习惯。可以说，萧娴的捻管是传康有为衣钵的。萧娴在《庖丁论书》中说：“我作书，好捻管，昔人亦有捻管之说，我只是习惯而然，并未刻意求之，更非创举。惟当告者，捻管则气圆，长期实践后才能体会，否则将视为玄而玄之。”关于“气圆”之说，先要

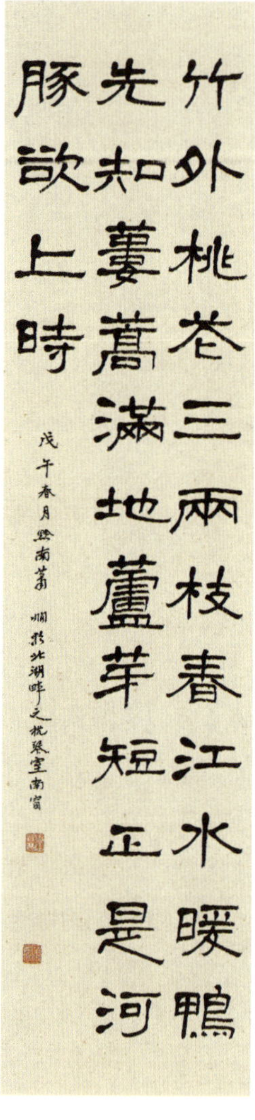

萧娴隶书条幅苏轼《惠崇春江晚景》

了解何谓“气”？萧娴认为“气”是贯气的意思，均匀行笔，节奏连续，气就在捻管的动作中贯穿全字全篇了。古人对于“圆”和“方”的对立统一有着中国式审美的思考，认为天“圆”地“方”，与“圆”相关范畴的事物有“天”“外”“规”“智”“太极”“心”“道”；而其对立的“地”“内”“矩”“行”“法度”“脑”“德”则是属于“方”的范畴，于是结论云：“圆恒方权。”这就比较清楚地为“圆”作了说明，圆是无形象，是永恒的，是无处不在的。据此，就可以把捻管的“圆转”联系上“圆”这个形象思维，它象征无穷尽的和谐安详的美。萧娴先生的篆、隶书法创作就是最能体现“圆”的意境的书体。

三、“文”，质为表，文为内，文质相生

“文”，是萧娴书法艺术实践的又一重要心得，她在《庖丁论书》中这样写道：“书艺在我国历史上，早就是一门独立的学科，称为书学，它涉及广泛的领域，几乎牵动整个文科的知识，因此，学习书法不仅仅要练字，还得以更多时间认真读书，读得越多、越广，越好。不读书，就没有内涵神韵的书卷气。”又说：“我国自有书学以来，就有个优良传统，即书文并茂，试看历代书家，无不精通文学。南京自东吴以来，书家辈出，是我国著名书都之一，

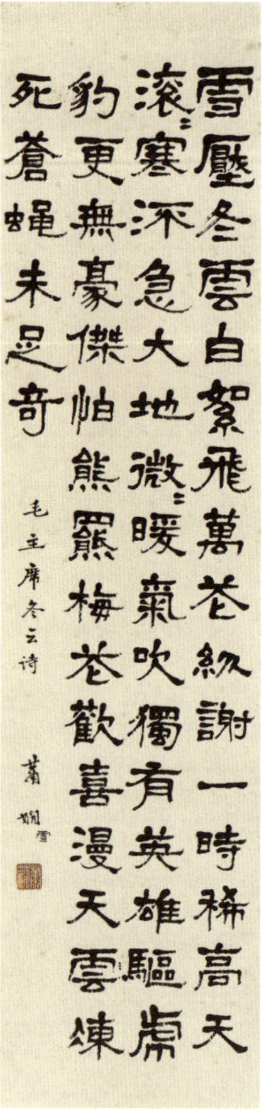

萧娴隶书条幅毛泽东七律《冬云》

萧娴抚琴

从帝王将相到革命先驱，凡能书者皆能文。有些书家，如谢灵运、谢朓、谢道韫等，则是诗名盖了书名。在书学归于人民的时代，应继承‘书文并茂’的优良传统，发掘而光大之，所以20世纪80年代初，我便力倡在文学基础上办书学。”在这些议论中，她非常重视书法中的“书卷气”。虽然可以这样理解，读书多了，写字就自然会有“书卷气”，但字上的“书卷气”是以什么形态表现的呢？书法的“书卷气”就是一种文人气，就是“气质变化，学问深时”的文气。所以萧娴又在《庖丁论书》中补充道：“‘汝果欲

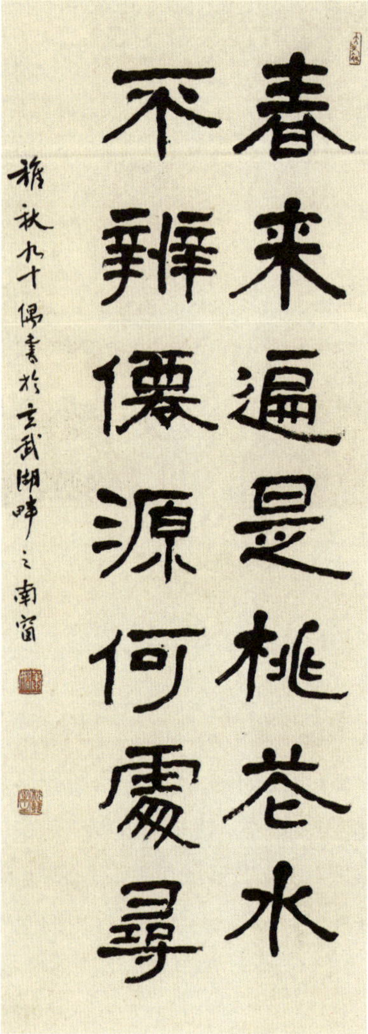

萧娴隶书条幅王维《桃源行》诗句

1973年萧娴与林散之先生（前左二）、徐公泽先生（前左一）及弟子

学诗，功夫在诗外’，学书也是这样。”又说：“读书，高尚的情操，多样的艺术爱好，都是所谓书外功夫，都有赖于又有助于生活体验。张旭观公孙大娘舞剑器，书艺遂有长进，这是书家向生活汲取营养的范例。惟其据有知识，乃能发生联想，汲取有成，不期然而然也。”再说：“一切学书者，不仅要工文学，也要游诸艺，否则，下笔每见枯窘。”既然书外功夫不仅在读书，还要游诸艺，其实还要加上游历名山大川，总而言之是体验多种生活。其得益于气质的内容则不是书卷气一项所能概括，必须广而言之，谓之生活的文学理解，总而谓之“文气”更合理。文气者，

除了书卷气，还有雄浑、冲淡、沉着、高古、典雅、洗练、劲健、绮丽、自然、含蓄、豪放、缜密、疏野、清奇、委英、悲慨、超诣、飘逸、旷达、流畅等之谓也。上面说到萧娴书法的气质问题，萧娴在《庖丁论书》中关于气质有这样一段论述，应该补录于此："气质，不容忽视，气质不是一时可以学得，而是逐渐养成，要经历长久德育和智育的熏陶。气质对于书艺，犹如土壤之于植物，同等的阳光雨露，盐碱地无从播种，贫瘠地无望丰收，土壤可以改良，人的气质也可变化，必须以无穷毅力，不稍间断其熏陶的功夫。"

萧娴与刘海粟先生（左二）、钱松喦先生（左一）、罗化千先生（右一）

萧娴隶书对联《游山 进步》

萧娴榜书《书酒风流》

四、“深”，取精用宏，闳约深美

萧娴 1986 年作《庖丁论书》，开宗明义：“我有图章一方，曰‘庖丁’，庖丁者做饭人也，饭，天天要做，一天不做饭，全家口腹难饱；字，也当天天写，书家常不下笔，社会上便少一种精神食粮。所以虽是闲章一方，意思倒有三重：一要自视平凡，二要勤奋努力，三要有益于社会。”这一段实际上是声明她其实是一位家庭妇女，一位每天都要做家务劳动的妇女。接下去又说：“我这庖丁，在中国书坛一角，劳动有四分之三世纪，同书翰结下

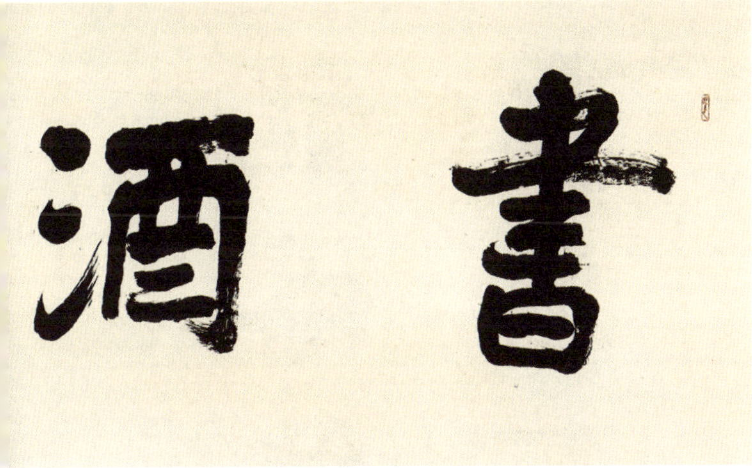

不解缘，同庖厨也结下不解缘，领会到作书与解牛同一机杼，学者经过十年努力，读一读庄周关于庖丁解牛的哲理阐述，必有所悟。”这一段则说明她不是一般的家庭妇女，不是一般的家务劳动者，她是将做饭和作书合而为一的。她劳动不仅用手淘米洗菜、磨墨下笔，而且用脑去思考研究，她的劳动经过若干年的努力之后，已经成了庖丁解牛的哲学活动。大家知道，庖丁解牛出于《庄子·养生主》，记述一位庖丁经过长期的解牛劳动而悟出了解牛的科学诀窍，其解牛过程具有唱歌跳舞一样的欢快感觉，连用 19 年的刀不折不缺，犹如新磨出来的一样锋利，成了

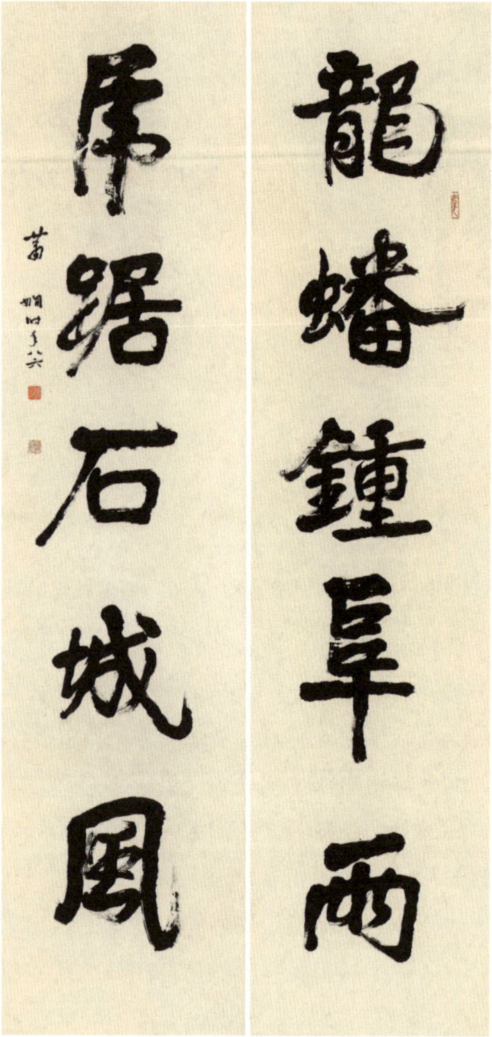

萧娴行书对联《龙盘 虎踞》

解牛专家。就是说：解牛劳动本属一般的劳动，而经过这位庖丁的发挥解析，成高级劳动了。萧娴以这个故事比喻自己的做饭和作书，用以形容自己的劳动生活，经过数十年具有思辨意义的磨炼究理的思想活动已经进入一个很深的境界。这个“深”，具体说就是萧娴自觉地赋书法以诗词的韵味、音乐的节奏和劳动的快感。归根结底，这个“深”是劳动创造的。而要理解这个深，必须在欣赏时保持审美态度的“纯”，就是说：一定要体验其书法的点、线组成的画面的想象深度。深，只有想象才能达到，想象是学识积累的审美体验能力。但是每个有能力形成自己作品深度的书法家都有自己能力的局限，萧娴的一生对自己的艺术事业的最大干扰恰恰也就是这个“庖丁”。对这个“庖丁”可广义地理解，除了做饭，还要竭尽心力去维持天天做饭的钱和整个维持生计的一切。萧娴的父亲铁珊在抗战时期给萧娴的信中有这样一段话：“惟农隐失业，龙凤两孙读书无资，在生活高涨之时，尔以身东奔西驰，经营家政，母兼父职，备极劳瘁，可怜复可叹也。”

江苏省美术馆所藏萧娴此件八尺大对“龙蟠钟阜雨，虎踞石城风”，整件作品以《石门铭》摩崖为法，全用行书笔意出之，字径均在50平方厘米，其用笔沉稳敦厚、行笔徐徐涩进、结体紧实，收笔处时出恣肆之笔，神意优游、点画震动，虎虎生风。很难想象这么雄强苍劲的大字是出自 86 岁的老人之手。其中如“龙”之勾挑、“蟠”之捺出，毛笔不同锋面的绞转再加之指、腕、肘、臂的综合协作运动，总体营造出既大刀阔斧、酣畅淋漓，又苍茫厚劲的笔墨肌理，呈现出与北方碑学不同的一派江南碑学的雅致细腻的特点。下联首字“虎”一反常规，以草书写法变换字法造型，打破了方正字势的书写节奏，丰富了整件作品跌宕起伏的变化，痛快淋漓，一任自然。

第五章

探源章草　草圣平生——高二适书法艺术

高二适雕像（吴为山塑）

高二适（1903—1977），江苏姜堰兴泰镇小甸址人（中华人民共和国成立前属江苏东台）。原名锡璜，中年曾署痦盦，晚年署舒凫。斋号证草圣斋、孤桐堂。当代著名学者、诗人、书法家，尤擅草书。1963 年经章士钊引荐，被聘为江苏省文史馆馆员。在文史哲、诗词、书法的研究和创作方面成果卓著。著有《新定急就章及考证》《校录》《刘宾客辨易九流疏记》《高二适书法选集》等。

高二适先生是中国 20 世纪最杰出的学者、诗人、书法家之一。高二适先生一生追求人格独立，不随人作计，学术上溯本求源，书法上高扬帖学，力追晋唐，尤嗜唐太宗父子书法。他曾自言：“予笃嗜唐太宗、高宗父子书，顾久不得佳搨，心焉憾之。今夏忽于旧肆获此，摩挲石墨，益发临池之兴矣。”他亦嗜书如命，勤读不止。所读碑帖皆随感而发，反复题跋，其眉批、评注、题记跋语皆为一时一境之感悟心得，各体书法、笔调有机结合，呈现出敏于思考的学者风范。作为传统帖学的捍卫者和时代的创新者，他在“兰亭论辩”亢论直言中所彰显的文人品格、学者风范和对真理的坚守，以及他对经典文化的孜孜以求和苦学精神，为后世所景仰。高二适先生精准地把握了传统帖学的根脉与古法，他人格上的坚韧、学术上的极致、技术上的高超都是后人难以超越的。他对经典的尊崇和对“草书新体”的独创，在近现代书法史上熠熠生辉、垂范史册。

一、坚守文心　人格独立

“兰亭论辩”始于20世纪60年代中期，是一场关于王羲之《兰亭序》真伪之争的学术论辩。这场论争因为和当时社会形势密切相关，加之郭沫若、康生、陈伯达等政界要人的参与，尤为引人注目，更因毛泽东主席的亲笔批示而震动学界。在以往对高先生的研究成果中，大多数研究者更多地侧重于这场论辩的政治色彩。其实，高二适先生在这场论辩中所显的真正贡献和价值，就在于他有足够的文化底气敢于跟郭沫若进行兰亭论辩，而不仅仅是站在一个所谓的政治

高二适肖像

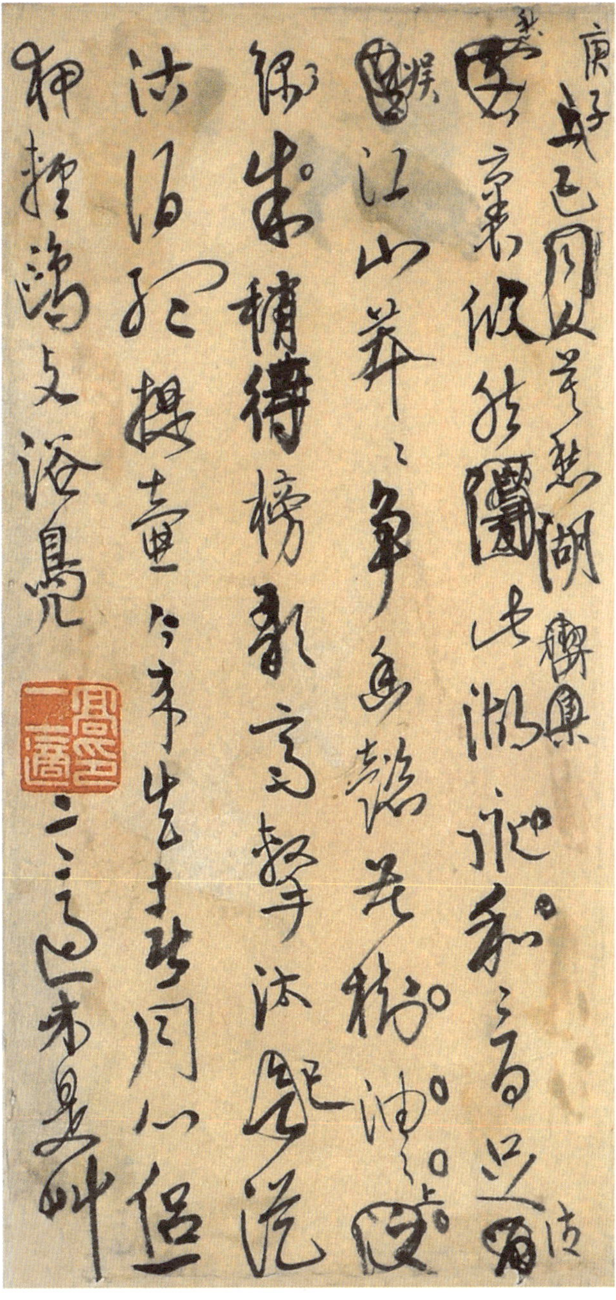

高二适手札

立场下的向政治权贵的宣战。在学问精深之外，更需要一种比学问还要高贵难得的品性，那就是他在《兰亭序的真伪驳议》中所说的“吾素不乐随人俯仰作计”，这就是一种独立之人格、自由之精神的文人本性。关于此次论辩的初衷，他在写给章士钊的信中说：“适人微言轻，知文坛有人把持，故为书艺兴废，不甘做寒蝉，所以才求公乞将鄙文呈献政府冀待采纳，非有他望也。”作为一个有深厚传统文化品格的真文人，他不畏文坛权贵和主流话语权的把持，为了书艺兴废的是非曲直，不甘做“寒蝉”，激发

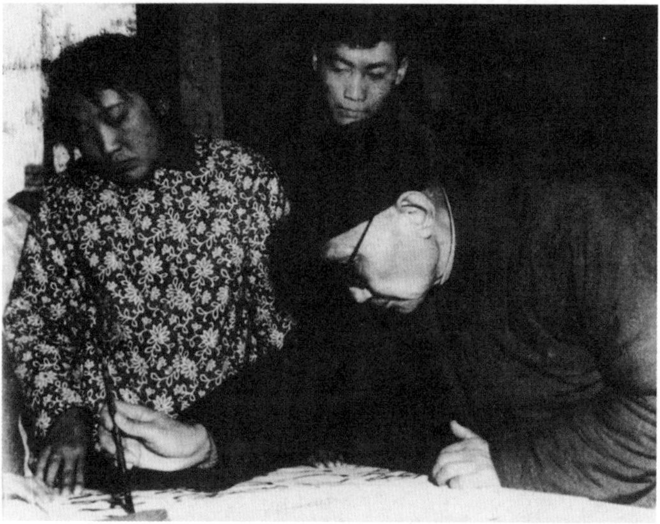

1973 年春节高二适在玄武湖雅集挥毫（后立者为高可可、徐利明）

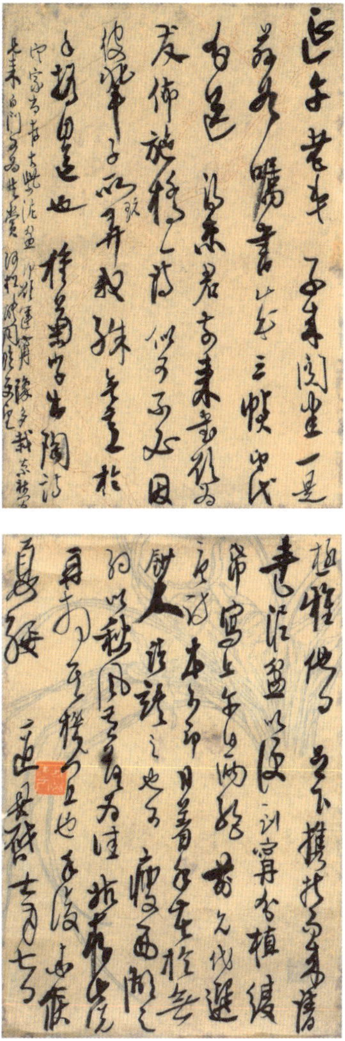

高二适手札

他以耿直的文化胆魄和坚实的学问底气，勇敢地站在文化自信的高度上，为捍卫真理而战。并非有其他政治目的或个人私利，完全是一个纯粹文人为坚守文化尊严而做出的一种自觉行为。由此可见，高二适先生是一个时代真正知识分子的缩影，他不因政治的变动而丧失文人的尊严，不因生活的颠簸而改变对文艺的追求，也不因荣辱得失而失去知识分子的良知。他做人求真，治学求实，为艺求精。他狂狷却不轻薄，执拗却不保守，坚守传统又敢于创新，是名副其实的文化勇士和文化先觉者、文化践行者。

二、帖学正脉　崇尚经典

当我们静静凝视高二适的书法遗墨，那灵异的墨线，似高猿悲叫，乱水潜奔，这是流淌在古典诗文和经典碑帖中的心灵对晤，是意与古会的神异契合。在笔力弥漫、意态天骄、行气淋漓的笔势中透映出一位传统文人的自我风神。从“赴速急就称奇觚，鬼哭神惊运思初”的诗句里，流露出他作书时“笔所未到气已吐”的豪迈心象。高二适的书法意象以气势开张，书蕴“诗意”为基调，以其精湛的笔墨古法、深厚渊深的文史修养和特立高洁的文人风骨幻化熔铸，开古典主义之新境，堪称传统书法草书一脉的浪漫主义大师。关于对书法的传承发展，高先生有着自己

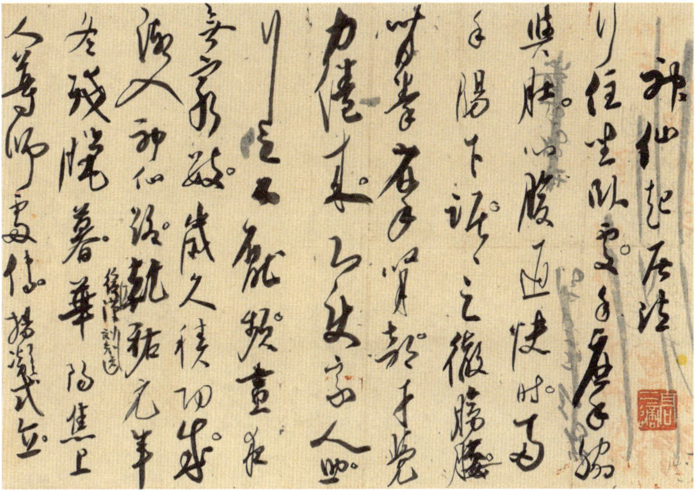

高二适临杨凝式《神仙起居法》

的思考和践行。

关于如何师法古代经典？从高二适所批注的《李贞武碑》来探寻其书学观念和思想，概而言之有以下几点：笔墨之道，临池要勤；笔朗神清，俊美为上；刀笔互见，笔势为先；言其出处，对比异同；立体读帖，兼及文字。

书法，首先是书写的技艺。高二适崇尚书写之功自勤奋而来，后天的努力和功夫积累至关重要。曾言：“此事（书法）非纸成堆、墨成冢，不克见功效。”自1952年到1974年，22年间他十数次题跋此碑，朝夕临习不辍，用功至勤。从“予常间月临摹，便觉有餐霞饮露之概”“朝

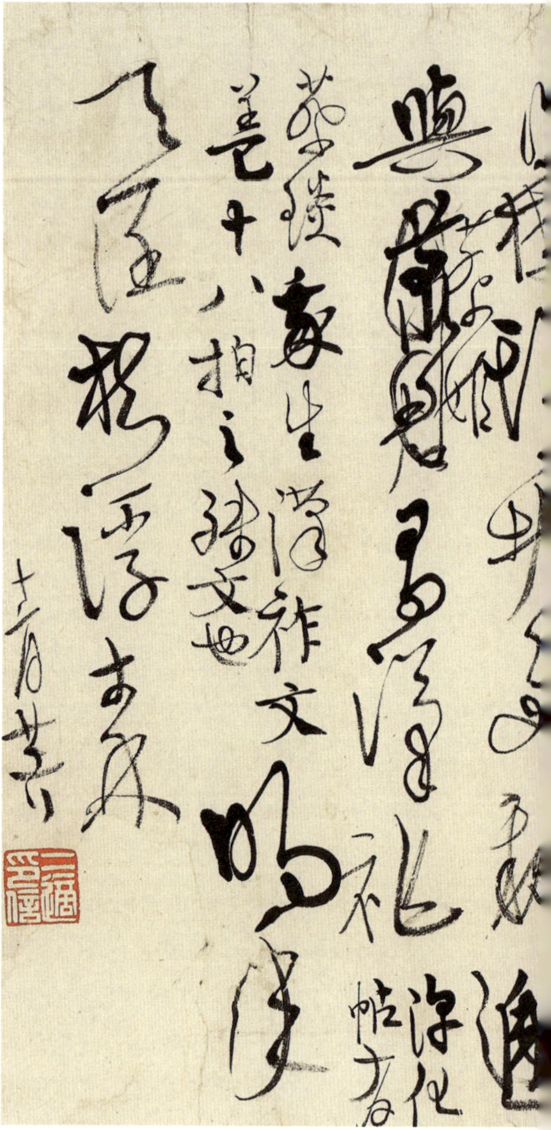

高二适手札

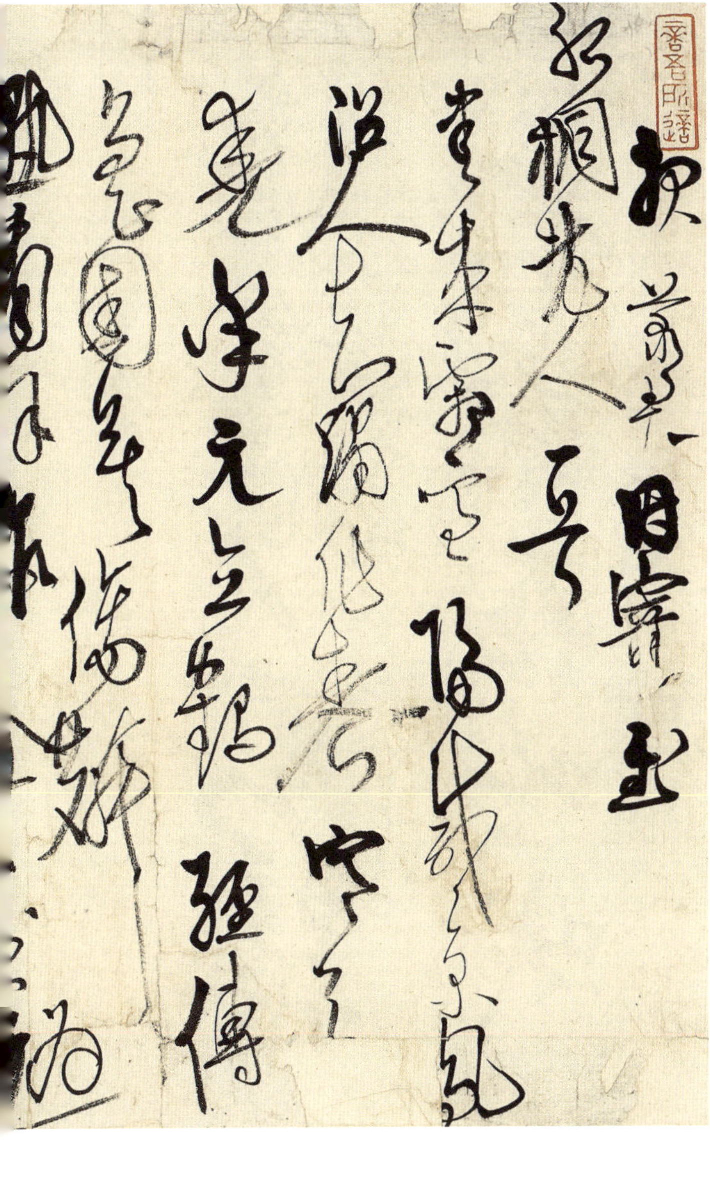

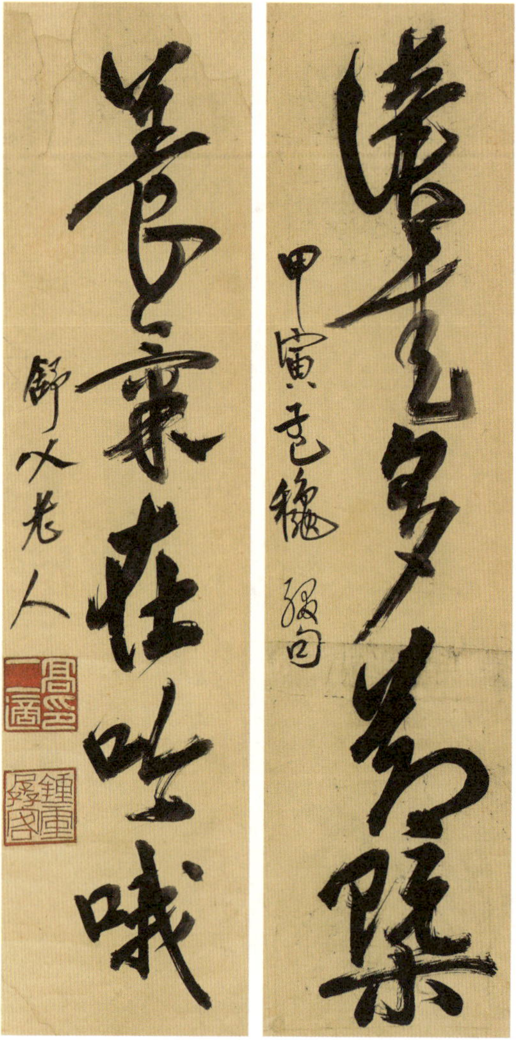

高二适行书对联《读书 养气》

夕临此”等批语便可得见，他对《李贞武碑》是倾注了极大心力的。因此可以说，临摹中量的积累是书法学习产生质变的前提和基础。书法中的神采是作品传达出的风神、气韵、意趣，是书家精神气质、个性情怀的笔墨体现，也是最动人之处。南齐王僧虔《笔意赞》序：“书之妙道，神采为上，形质次之，兼之者方可绍于古人。”高二适批注此碑，亦先重书神。他认为：“书法无俊秀之气，不得谓为艺事。”因此，他在本帖中使用大量“俊美”“清秀无对”“朴茂之至者也，秀劲”“清气扑人，古今无对”等描述来阐发他对高宗书法最为直接的审美感受。而书法墨迹和碑帖拓本是学习书法的两大取法源头，在面对刻铸

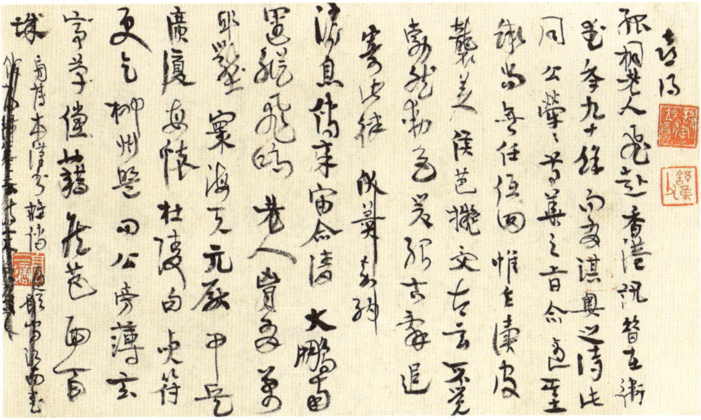

高二适手札

行严老兄九十又三寿诞颂首

老人区著文章伯泰邓逸之称岂易得早而亢怀同挟策夏孤外游昌开坐十年荦卓见称为百家而远定论经名月又难遣卷怀诏君洁为马砾无文修骧

七二年岁暮叒堂丑三月廿日周宗

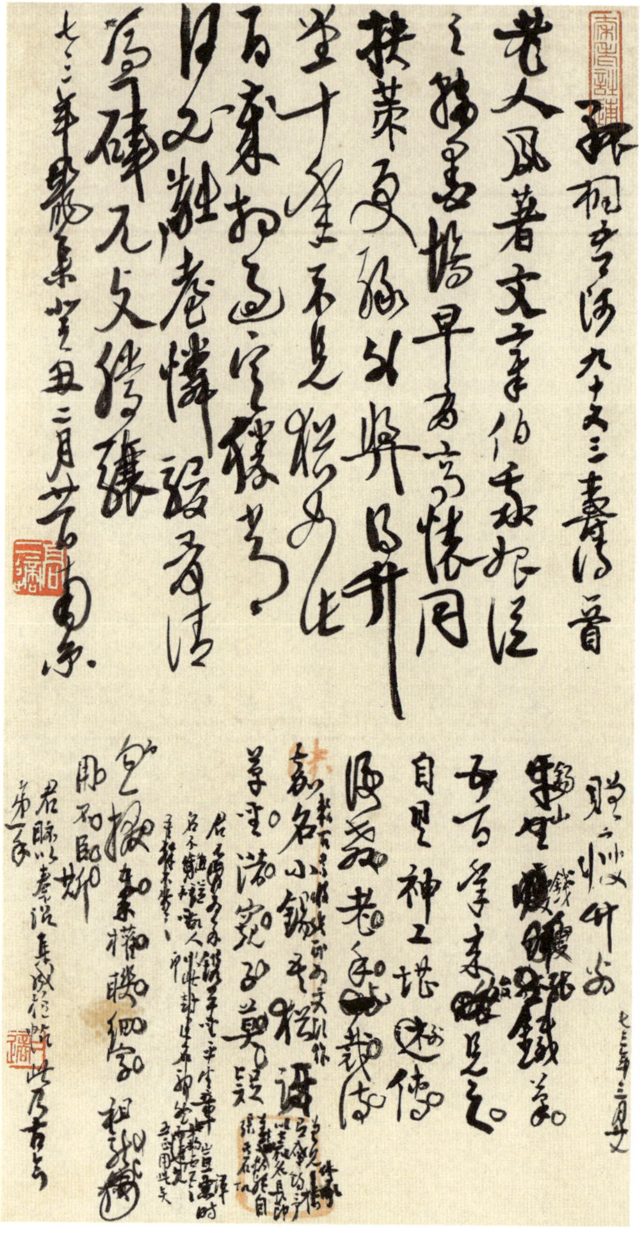

文字的时候，必须结合对墨迹欣赏的经验，把点画的笔锋使转及其复杂的运动形象地补充其中，这才足以重现完整意义上的书写过程。如高二适批注云：“（出）笔锋活现，（绪言）诸字如见真迹，所谓毫芒毕露也。如见真迹，而无一笔轻忽，骨肉停匀。”诸如此类的语句都可看出其透过刀锋力追笔意的识见和力图想象回放书写原貌的能力。“写此要有斫阵笔势，方为合作也”一语，更加道破了此碑最突出的斩截爽健的用笔特征，足见其对碑帖理解的准确和敏感。

高二适在读帖临摹的过程中，不仅细心研读每个字的形质、神采等书法本体要素，在纵向上还考其由来，从文字书体的演变上探其原委。与此同时，横向上则与不同书家进行比较，使得各自的书风特点更加清晰明了。如：“高宗行草大似晋贤风格，其绵中裹铁之势，绝可慕爱。文皇多刚，天皇格多柔，此两言决耳。”“《贞武》可与文皇之《温泉铭》合参。”“高宗字法，（点）尤厚重出神入化，高宗有之矣。”同时，高二适研习碑帖，不仅关注书法艺术本身，而是全方位立体式地研究，还关注碑帖所蕴含的文字内容，如“铭词至佳”“其四文佳”。这种方式一方面使得每一通的临帖学习都变得富有新意，始终以一种鲜活的状态享受书法，这也是当代书家缺乏书卷气和自然气息的问题所在。

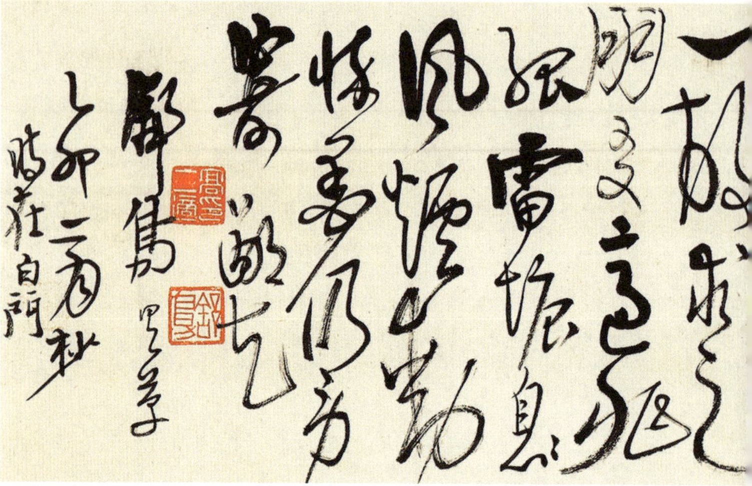

高二适手札

从大量散见于各个碑帖中的题跋感受经典书法的魅力，这正是作为学者、书家、诗人的高二适研究书史、书论、书家以及书法形式技巧、风格流变的最为真实的记录。同时，高二适不囿陈见，往往对历史上公认的经典名作提出质疑，重新思量，详加评说，发前人之所未发，闪耀着独立思想者的光芒，这对当代书法研究者解读经典碑帖提供了崭新的视角。

高二适先生的书学理论和书法实践具有鲜明的个人色彩和宏观的书法史观意识。自明末清初以来的二三百年的时间里，碑学逐渐兴盛，他所生活的时代正是碑学思潮盛

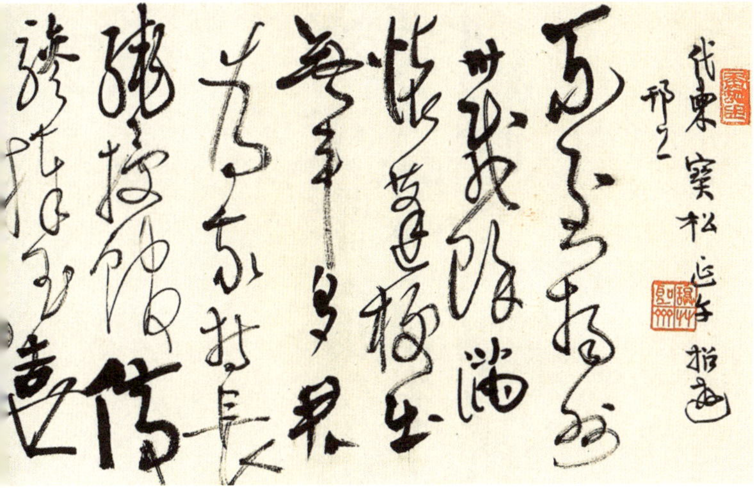

行、尊碑抑帖之风尤炙的余绪时期，但他不盲从时风，却逆潮流而上，溯本求源，直追“二王”一系千年帖学的正脉。此外，“文革”前后的一段时期，由于文化的遗失和书法衰糜的境况，学术权威被打倒，他是那个时代真正的帖学代表。他对书圣的尊崇和对帖学的坚守矢志不渝，在《〈兰亭序〉真伪之再驳议》中曾写道：“夫逸少书名之在吾土，大有日月经天，江河行地之势，固无须谁毁与谁誉之。”这种对书法正脉的坚定信仰和学识洞见何等高妙！这在当时实属难能可贵。他在《致费在山信札》中还提及沈尹默对其书法的赞誉：“吾在蜀作唐人帖，吴兴沈下翁

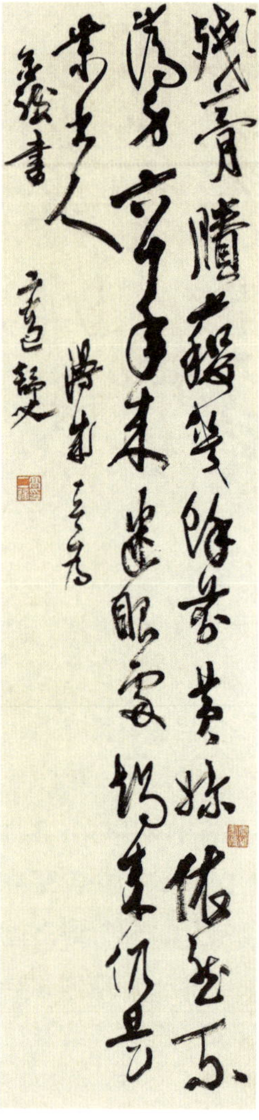

高二适诗

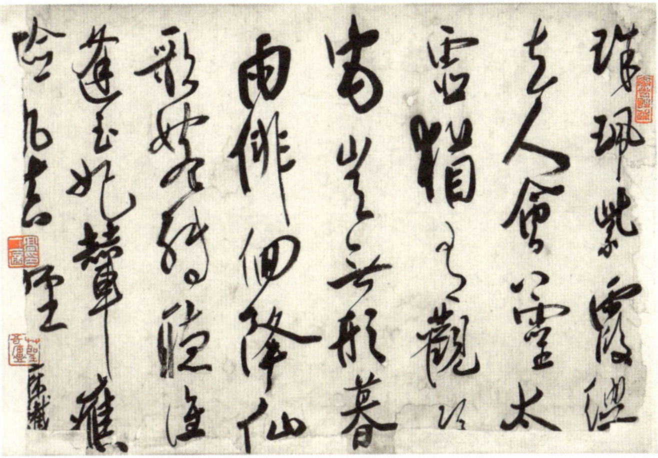

高二适临古帖

见讶，告章行老，称三百年来无此笔法。”就连当时以振兴帖学传统为己任的沈尹默都赞叹不已，可见高氏书法在当世成就之高、无出其右。此外，他在书籍的批注中曾言：“吾尝谓中国书史中有三大宝物，即史迁之文、右军之书、杜陵之诗是也。”

由此可见，高二适对于传统的进入路径并不是碑学式或碑帖兼容一路的，而是坚守传统帖学正脉。也就是说：其章草、隶楷、狂草新体的取法均是谨遵古法章草、“二王”一脉延续下来的传统而非清代碑学的传统，这在当时的金陵书坛也是风标独立。金陵四家中的胡小石先生是师从李瑞清、林翁师从黄宾虹、萧娴师从康有为，他们大多沿着

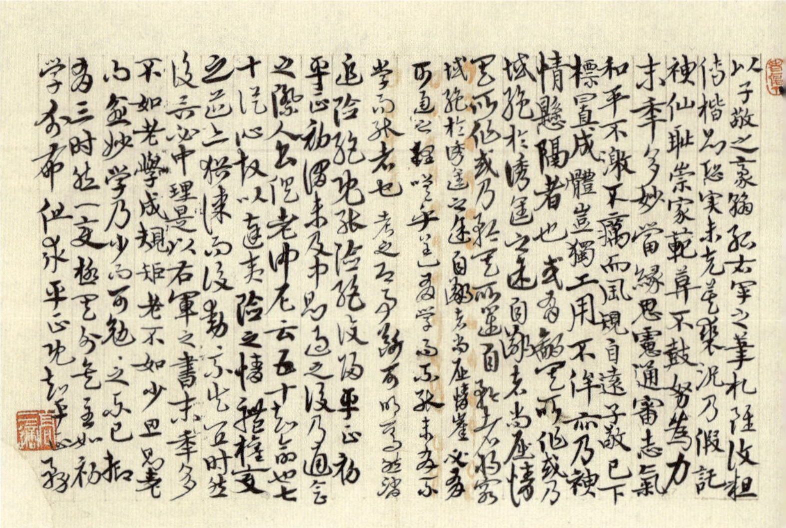

高二适章草书

老师的书学路径前行，师法老师又有所变通，但难脱窠臼。唯有高二适先生独尊帖学，师法前贤往迹，溯本求源，对“二王”一系、唐太宗、高宗以及五代杨凝式、元赵孟頫、明宋克等诸家，广泛涉猎，可谓是“出入千数百年，纵横百数十家”。尤为难能可贵的是：前三者承接碑学书风之余绪，是顺应历史潮流的顺势而为，而高先生则是不识时务，逆流而上，力挽帖学之颓风，孤军奋战，独树一帜，戛戛独造！我们知道，帖学的临摹学习就是要求原大，掌指之间的动作组合，讲究技术上的高超，那种笔尖上的微

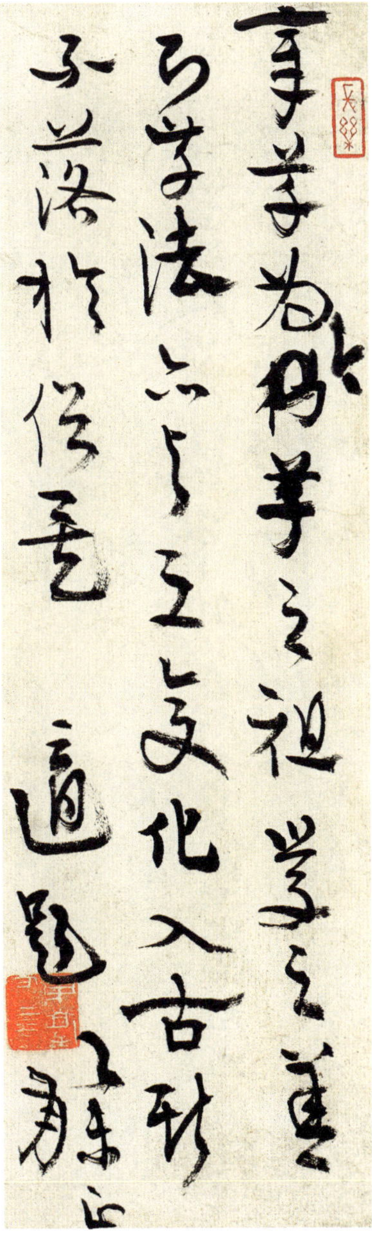

高二适章草题记

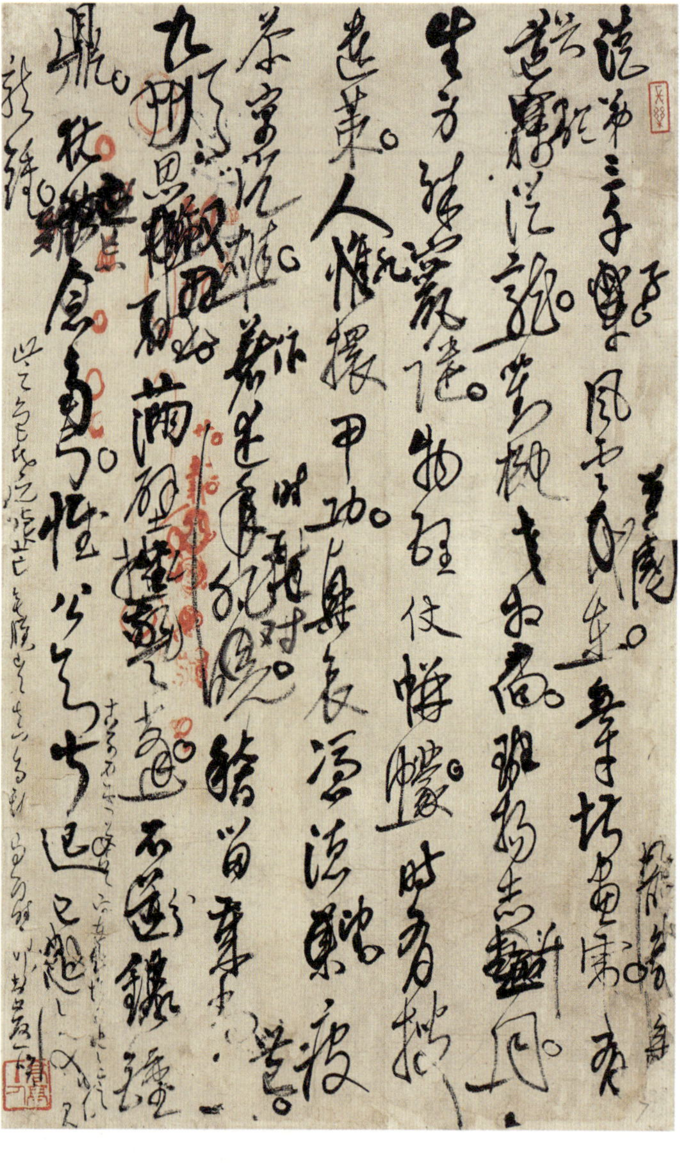

高二适手札

妙变化才是帖学的精妙和核心。原大的意义跟放大是不一样的。娴熟的指掌功夫，挥运之时的那种指掌配合，仅仅靠视觉感受是无法体会的。书写者内心与过程之中的快乐是无法体会的。他散见于读书批注中的论书题跋，虽是与古人对话，自言自语，实是为历史而说。他所力求的书法之神并非时人所追求的视觉的表现和冲击，所谓的字形漂亮，在他看来形而下，他始终追求“法”为上，旨在追求帖学的精髓，在笔法上去追溯古人——那种笔尖上细微的笔墨奥妙。为此，他遍临古帖，找寻佳笔，在书写工具上力求贴近古意。1972 年 12 月 26 日在给湖州费在山的信中写道：“入春拟仍临池，不知尊处有何佳制，吾要求在毫刚可住笔。”另在 1973 年其诗《湖州鹿毛笔歌赠在山》：“湖州新制鹿毛笔，我始得于费君所。羊毫为披鹿作芯，此制逾今亦超古。吾闻蓟笔贡鹿毛，李唐代代仍相褒。蓟州湖州孰居上，妙能使笔驱洪涛。我兹泼墨满江南，章今草狂夙所谙。一语得心而应手，鼠须鸡距与为三。”再者，他对执笔法也多有见地，比如他一直遵循侧管、拇指后抵，其他指头前撮的执笔法，并自信为王羲之的执笔法。再之，人格的修养与学术的积累远比单纯的技巧训练重要，高二适先生高古的书学理想并不是一般人所能理解和体会的，这是他独立的文人品格和学术思想使然。

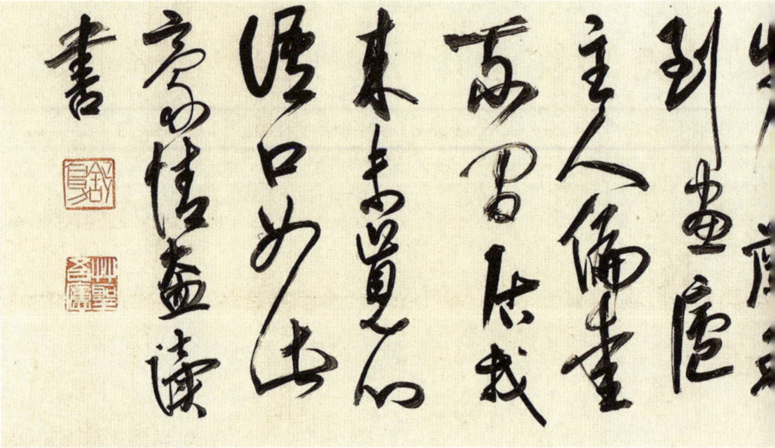

高二适自作诗横幅

三、深研书史　自成一家

高二适先生的书法研习之路是博采众长，由博返约的苦学派、善学派。他一生勤于临池，内悟书理，于隶书、真书、行书、草书无所不通，尤其对草书的研究成果为最高。自 1954 年以后，历 20 余年深研草法，广览博临，对小草、大草、狂草通其意、得其法，并寻绎章草之流变，直追法书源，创造了一种兼糅真、行、章、草为一炉的草书新气象。

如何进行个人书法创造？中国文人历来推崇人格精神的独立，尤以风骨高逸、气象独张为毕生之追求。那弥漫

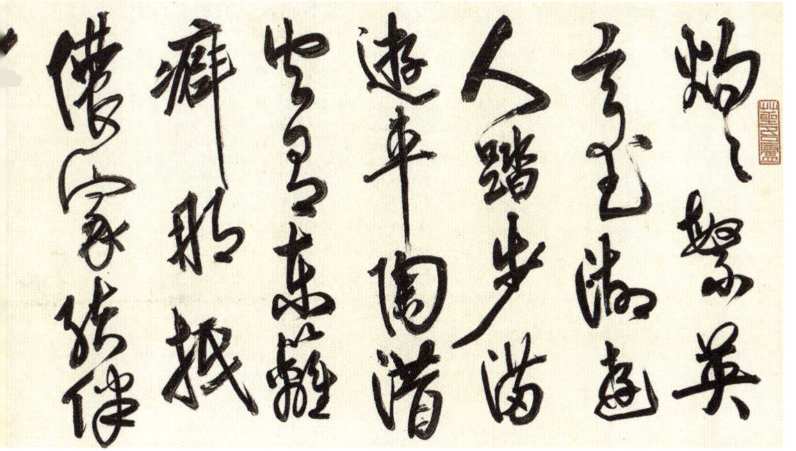

在诗文书画中的清逸气息和高古格调，是一个文人生命气格的彰显和流露，是精神世界的浓缩和精华。“江南高生二适，巍然一硕书也。”章行严曾这样赞许高二适。综览高二适的文艺成就，主要是由诗文和书法这两大部分有机组成的。诗文是他艺术气象的源泉和动力，书法是他才思驰骋的神骏，这两项是他治学的毕生主张和一贯目标，两者血脉贯通、相互融会。

高二适的文章主要是学术论文，如《兰亭序的真伪驳议》《〈兰亭序〉真伪之再驳议》以及《新定急就章及考证》等，此外文史著作有《〈刘梦得集〉校录》《刘宾客辨易九疏记》等。其他书札则主要叙事，而抒发性灵之作则全在于诗，诗在他的总体文艺成就中是重中之重，也最能见其心志。作诗或读诗古称吟哦，高二适曾有自撰联书作云“读书多节概，养气在吟哦”。吟哦养气亦成为他日常精神生活的重要内容。他的诗随情抒发，随手著录，极见其坚毅个性和特立独行之修养。著名诗人俞律评其诗歌云：“他意气自许，观世事，察人生，发为歌咏，其与世向背，历来一以贯之，因而其诗无一首不志高言洁，志大辞宏，志远旨永，乃第一等襟抱，第一等学识，第一等真诗。”因此可以说，高二适的书法就是他诗歌气象和文人品格的浓缩和笔墨映现，是他书如其人的真实流露。

1976 年春高二适先生与家人合影。前左一夫人朱凤子，后左一长子高泽迺，右一次子高泽迥，中间小女儿高可可、尹树人夫妇。

“学古不须似”，深入古法而自出新意。高先生的“学古出新”是在真正继承古代帖学的基础上并有所创新和发展的书家。他既有对章草内蕴和古法的真正承传，又有对章草、今草、狂草融合上的独创，堪称风流独步，把草书的意象内涵发挥到了极致。而且他把这种创造性的语言与经典帖学传统紧密结合在一起，非古非今，亦古亦今，具有鲜明的时代特性。这在高二适先生的代表作《南都帖》中可窥见一斑，此作全篇笔酣墨畅、点画狼藉、痛快淋漓、笔底生风，集四体为一炉，自然天成，有专家评其为继《兰亭》《祭侄》《寒食》后第四手稿，应不为过矣。

高二适一生爱诗，常朝夕吟哦，作诗无数，有黄山书社 20 世纪诗词名家别集丛书之《高二适诗存》刊行于世。他读古人诗广取博收，尤宗法江西诗派，故用典较多，尤其对唐代杜甫、韩愈、柳宗元、刘禹锡，宋代陈后山等都曾下过相当的功夫。而他郁勃、孤傲、耿介的气质与杜甫诗作、江西诗派的神韵一拍即合，这些诗意精神正暗合了他书法审美理念的生发，杜甫诗作“书贵瘦硬方通神”“草书非古空雄壮”中的“瘦硬”“入古”“雄壮”正是他草书审美理念的追求所在。1966 年高二适“临《宋拓祖石绛帖》，专攻瘦劲一派”和题《李贞武碑》“此碑结体瘦劲，久写有益，见清刚之气生于毫端，其高妙大为独步云，能于细致中求莽放尤难”。从中可以看出他“书美以诗美

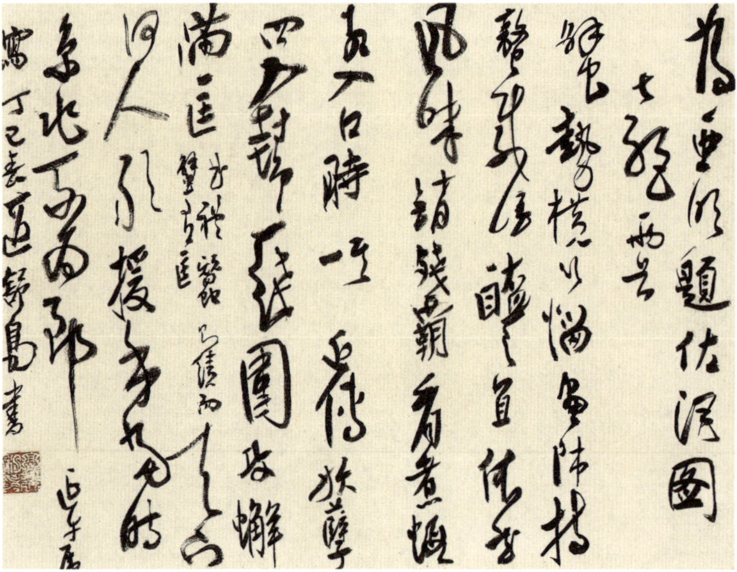

高二适题亚明画作

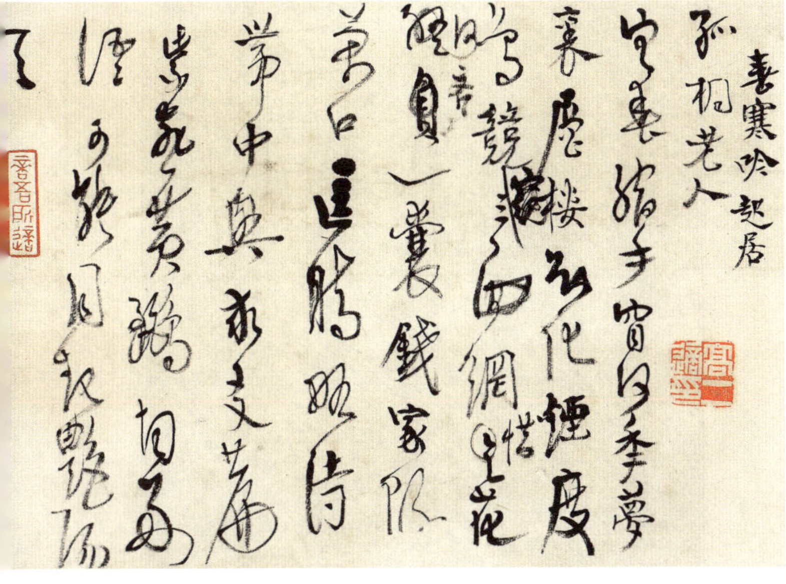

二适致章士钊信札

高二适在镇江金山寺

为尚，二者美美与共”的大美情怀。

至此，我们似乎恍然顿觉，高二适的书学正是根植于中华经典文化的精华，以王羲之为书法之基，化以文史浩渺的诗文之蒙养，并将诗、书、文这三大领域的传统精魂熔为一炉、深入堂奥，走出一条真纯敦厚的书法正道。只有对传统文化如此高深理解和把握者，方可臻此妙境。如其所言，高二适晚年的书法确实也完全达到了“转动回旋，强弱高下，无施而不可的最高境界”。

当今书坛，乱象丛生，各种流派层出不穷，有你方唱罢我登场者、有徒有手技胸无点墨者、有浮华流俗不堪入目者等，与高二适那傲然独立的文人风骨和严谨的治学态度以及高昂的艺术才情和正大气象形成了强烈反差。苏轼曾言：“作字之法，识浅、见狭、学不足，三者终不能尽妙。”这正说明：书法不仅需要技能，它更是一种文化现象，需要见识、学养去涵养。高二适亦曾慷慨高呼、启悟后学云：“凡人有作，须有所寄托，不然，则字匠之为，有识者定嗤之以鼻也。”罗曼·罗兰曾说：“没有伟大的品格，就没有伟大的人，甚至也没有伟大的艺术家，伟大的行动者。”而高二适以一种卓然独立的人格气象和风骨，似一座灯塔照亮前行的路，感召后学，让当代书家拨开迷雾，看清人文之道，不断续写新的篇章。

高二适行书对联《世上 只要》

结语

『金陵四老』对当代书坛的启示意义

中国书法是中国优秀传统文化的根本之根本，是我们进入优秀传统文化的一扇大门。书法艺术成为历代文人士大夫提升修养、锤炼心性的重要方式，其核心精神就是中国式审美。这种审美模式包含了丰富的中国智慧。时至今日，群众性书法活动已然成为大众文化的重要载体，是最接地气的“万人的艺术”（井上有一语）。历史经验表明，无论时代怎样变化，社会公认的书法要求其必须始终与书者的精神生活发生深层联系，无论从形式技巧上看来是多么优秀的书法作品，如果没有人的精神品格的支撑，那所谓的书法家便无价值可言。这虽然是一个极为严苛的标准，但至少使我们明白，书法是一个非常特殊的领域，它的精微、敏感，对形式、技巧，对作者和观赏者，都有着极高的要求。大家一直认为，书法“门槛低”，人人会写字，任何人都可以在这里施展身手，但是当我们深入到它的灵犀之处，便发现书法的转化升华、变动不息，始终决定于精神生活深处的那份笃定与高雅，以人们意想不到的方式进行着，精微而从容。书法不是一个简单的仅仅是对书法史上某家某派模仿，或对形式语言的构成加以想象变化就可以成就一位所谓“大师”的领域。千百年来，书法与书者精神气象的共生，使它始终保持着敏感、精微、高贵的品质，对人的精神有着极高的要求。任何形式的变动，只有与精神生活的迁移联系在一起并获得充分的证明时，才具有相应的价值。此外，它的变动与书法史有着割不断的联系，它必须从书法史中生长出来，才会具有生命的活力。

此外，贯穿中国书法经典作品的一个根本特点就是“书人合一”“书文兼美”，不惟书写本身，更强调书写内容的原创性。不管是王羲之的《兰亭序》，还是颜真卿的《祭侄文稿》、苏东坡的《黄州寒食帖》，他们的书法与文字都是共生的，也就是用笔墨和诗文的完美融合来表达书者的内心世界。书法是表达方式，诗文是灵魂，我手写我心，心手双畅，在彼时彼境中自然成就传世佳作。书如其人，如其学，如其志，总之如其人而已。历代书法大师们的书法世界诠释了这样一个贯穿中国书法千载不变的定律：师古、文心、世事磨砺成为一个书家与古为新的不二法门。

金陵书坛四大家的书法成功之路正是遵循了古典书家的正脉，是从优秀传统书法中生长出来的时代之花，因此对当下的书法界具有重要的现实指导意义。究其原因，“金陵四老”的成功之道得益于以下三个方面：

一、师法经典　以古为新

“金陵四老”都非常重视对书法经典的深入研习和继承。他们都以经典法帖为毕生的学习范本，路子正、取法高、用功勤，保持着与经典的血脉联系，就是要通过与古通息的方式保持和传统不即不离的关系，并随着书写方式和视觉模式的因时而变，大胆创新。特别是自明代以来建筑空间和起居方式的变化，使得“高堂大轴”成为书画展示的新样态，展卷平面欣赏向壁上悬挂远观转化。他们或在笔法上变“指掌之法”为“腕肘之法”，甚至悬臂拓而为大，字法上则强化左右欹侧，力避平正，行气上时断时续，断连相接；或在墨法上以“涨墨法”强化虚实感，增加抒情性。这种大章法的处理方式正是近现代书法注重展厅效应的滥觞所在。

二、学识博通　诗情文心

“金陵四老”的社会身份中有大学教授、文书职员、副县长、社会名流等，不管他们的身份如何，但都是以学问为本，以艺文立身，毕生志在道德文章和人格修为。他们以诗言志、以诗抒怀，饱含古典文人的深厚素养。可以说，他们既有旧式文人的坚贞和操守，又有对新中国新社会的火热情怀，始终与当下的现实生活紧密联系，有着强烈的社会责任感和文化担当。他们中有的身逢乱世，命途多变的人生经历，这些都成为他们诗文与书法创作的不竭动力与源泉。

三、书人合一　成就大我

中国书法的经典传统告诉我们，那些书法史上的历代名家大师都是重法度、讲规矩、崇尚精谨不苟的雅正之风，而又不忽视个性意趣，主张在融会古法的前提下自成家法。更为重要的是他们注重书法与生命状态的契合，即人品与书品的高度统一。“金陵四老”也给我们树立了一个榜样，即传统意义上的书法必须要像他们这样去努力，以全身心的交托为前提，才能深入，才有希望。一位书者对传统文化和精神生活尽可能地深入，对传统技法的深入、把握、转化，缺一不可；任何一方面的缺失，都会导致虚伪和矫饰。这原本朴素的真理，但因隔膜得太久，又有种种误读，使得现在很多人把书法看简单了。借着对“金陵四老”的追忆，让我们重拾书法的真义，重新反思书法在当下的道路。

虽然，“金陵四老”的时代已经离我们远去，这座精神的丰碑永在，激励着后学们默默前行。